기초부터 배우는 일본 경제

오태헌 지음

이프레스

머리말

삼성의 스마트폰은 치켜세우면서 도요타자동차는 아직도 멀었다고 한다. 삼성의 스피드경영을 배워야 한다고 하면서 도요타 생산시스템은 이제 효력을 다했다고 한다. 일본사람의 입에서 자기 자랑을 듣기란 여간 어려운 일이 아니다. 지나칠 정도로 겸손하다는 지적을 받는 국민성이니 어쩌면 당연한 일인지도 모른다. 일본 경제의 위상이 예전 같지 않다는 것을 부인할 생각은 추호도 없다. 그러나 결코 일본의 엄살을 액면 그대로 받아들이는 우를 범해서는 안 된다.

일본은 메이지유신 이후 혼란의 격동기를 이겨내면서 유례를 찾아보기 어려울 정도로 짧은 기간에 근대산업국가로 변모하는 데 성공한 나라이다. 그리고 패망 이후 잿더미로 뒤덮인 나라를 일으켜 세워 고도성장을 일구어내며 미국에 이은 경제대국으로 성장했다. 그러나 지금은 그 어디에서도 그러한 과거의 역동성을 찾아보기 어렵다. 경제침체가 너무 오래 지속된 탓에 일본이 피로감을 느끼고 있는 것처럼도 보인다. 고령화로 생산동력이 약해지고 디플레이션이 지속되면서 기업은 새로운 투자를 뒤로 미루었다. 임금도 오르지 않아 소비가 살아나지 못했다. 악화된 경제지표보다 훨씬 더 심각한 문제는 자신감을 잃은 기업과 국민이다. 기업은 자신감이 없으면 새로운 성장 분야에 대한 과감한 투자를 단행하지 못한다. 경기는 심리라는 말이 있다. 작지만 강한 변화가 계기가 되어 소비심리가 살아나는 경우가 많다.

아베정권이 추진하고 있는 아베노믹스는 잃었던 자신감을 회복하고 심리적 불안요인을 제거하면서 성공적인 이륙을 달성했다는 평가를 받고 있다. 아베노믹스는 앞으로 목표로 하고 있는 여러 경제지표를 달성하지 못하더라도, 꺼져가던 일본 경제의 불씨를 살리고 미래에 대한 기대감을 가질 수 있게 했다는 점에서 이미 절반 이상은 성공했다고 생각한다.

이 책은 일본의 경제현상을 이해하기 위해 최소한 알아두어야 할 경제학의 일반 지식을 확인하는 것에서부터 시작한다. 집을 지을 때 콘크리트로 기반을 다지는 것과 같다. 일본의 경제현상과 관계가 없어 보이는 작업처럼 보일지 모르지만, 기초를 잘 다져야 좋은 결실을 얻을 수 있다는 것을 모르는 사람은 없을 것이다.

대학에서 일본 경제 강의를 10년 넘게 하면서 너무 늦게 깨달은 것이 한 가지 있다. 강의를 듣는 학생들이 경제학에 대해 얼마나 알고 있는지를 전혀 생각하지 않았다는 것이다. 물론 경제학을 전공하거나 유사 강좌를 수강한 경험이 있는 학생이 전혀 없었던 것은 아니지만, 대다수의 학생들은 그렇지 않았다. 대학 강의가 아무리 교수자의 기획에 의해 구성되고 진행되는 경우가 대부분이라 할지라도 강의를 듣는 학생의 입장을 고려하지 않았다는 것에 대해 비난을 피하기는 어려울 것 같다.

이런 반성이 계기가 되어 책을 쓰기 시작했다. 생각해 보면 참 무모했다. 경제학에 대한 기초상식이 부족한 상태에서 어떻게 우리나라도 아닌 다른 나라의 경제를 이해시키려고 했을까. 환율이 변하는 이유와 그 영향에 대해 설명하지 않은 채 엔화 강세로 일본기업의 해외진출이 증가하고 있다고 거듭 강조했으니 말이다. 혹시라도 원리를 모른 채 이유도 모르고 무작정 암기만 했을지도 모를 학생들이 있었다면 너무

미안할 따름이다.

기초공사를 마쳤다면 다음은 기둥을 세우고 벽을 만들어 지붕을 올리는 작업을 해야 한다. 구체적으로 일본 경제가 지나온 흔적을 꼼꼼히 훑어보고 지금의 모습을 여러 각도에서 두루두루 주의 깊게 살펴보는 작업이다. 이 책에서는 시장, 물가, 국민소득, 무역 등 경제의 테두리에 들어가 있다고 판단되는 여러 분야들을 차례로 거론하며 중요한 테마를 중심으로 서술하였다. 물론 이것으로 충분하다는 생각은 하지 않는다. 시시각각 변하는 일본 경제의 모든 모습을 자세하게 한 권의 책으로 담아낸다는 것은 지나친 욕심이라는 것을 잘 알고 있다. 우선순위에 밀려 지나쳤을지도 모르는 테마가 갑자기 일본 경제의 최대현안으로 부상하는 경우도 생길 것이다. 그렇다 하더라도 경제학을 바탕으로 일본 경제의 전체상과 문제점을 이해하기 위한 내용들은 잘 정리되었다고 생각한다.

이 책은 기본적으로 대학 강의를 염두에 두고 작성했지만 이미 사회에 진출한 분들도 이번 기회에 경제 원리를 다시 정리하면서 일본 경제를 이해하는 데 활용하면 좋을 것 같다.

2014년

저자 씀

차례

• 머리말 3

CHAPTER 01 시장

1. 시장의 이해 10
   1) 시장에는 정말 전지전능한 신이 존재하는 것일까 10
   2) 시장이 제대로 작동하기 위해서 필요한 것은 무엇일까 12
   3) 경쟁을 피하는 것도 경쟁 16
2. 일본의 시장 21
   1) 왜 일본시장에서는 경쟁을 피하려 하는가 21
   2) 왜 일본으로 진출하는 외국기업이 많지 않은가 24
   3) 왜 일본을 떠나는 외국기업이 늘고 있나 27

CHAPTER 02 기업경영

1. 기업경영의 이해 32
   1) 기업의 목적은 무엇인가 32
   2) 기업이 이익을 내는 원리를 알아야 한다 33
   3) 기업은 이익을 극대화하기 위해 '선택과 집중'을 해야 한다 36
2. 일본의 기업경영 40
   1) 일본기업은 무엇이 다른가 40
   2) 일본적 경영은 어떻게 만들어졌는가 42
   3) 일본기업, 무엇이 변하고 있는가 44
   4) 일본에는 왜 장수기업이 많은가 48

CHAPTER 03 환율

1. 환율의 이해 54
   1) 두 얼굴을 가진 환율 54
   2) 환율이 움직이는 이유 55
   3) 환율과 기업행동의 관계 58
   4) 불가능한 환율 예측 59
2. 일본기업의 환율전략 62
   1) 엔의 가치는 그동안 어떻게 변해왔나 62
   2) 통화 선택으로 본 일본기업의 환율전략 67

CHAPTER 04 물가

1. 물가의 이해 74
   1) 물가는 가격이 아니다 74
   2) 물가를 잡아야 하는 이유 75
   3) 좋은 물가상승과 나쁜 물가상승 78

2. 일본의 물가 82
1) 일본의 물가는 정말 높은가 82
2) 가격파괴의 등장 배경 84
3) 아베노믹스와 디플레이션 86

CHAPTER 05
고용
1. 고용의 이해 92
1) 실업을 줄여야 하는 이유 92
2) 실업자의 실체 93
3) 실업이라고 다 같은 실업이 아니다 93
2. 일본의 고용 100
1) 근로조건의 변화 100
2) 일본의 실업 수준 100
3) 고령자 고용 102
4) 단카이(団塊)세대 문제 104

CHAPTER 06
경상수지
1. 경상수지의 이해 112
1) 무역이 발생하는 이유 112
2) 비교우위를 알아야 무역 발생의 진짜 이유를 알 수 있다 114
3) 경상수지 흑자는 항상 좋은 것인가 115
2. 일본의 경상수지 119
1) 경상수지 흑자의 주역이 무역수지에서 소득수지로 변경 119
2) 일본의 수출경쟁력은 정말 문제가 없는 것일까 121

CHAPTER 07
국민소득
1. 국민소득의 이해 130
1) 잘 사는 기준 130
2) '어디'보다 중요해진 '누가' 132
3) 명목과 실질의 엄청난 차이 135
2. 일본의 국민소득 138
1) '소득배증계획'이 다시 부활할 수 있을까 138
2) 일본은 잘 사는 나라인가 139
3) 일본의 소득격차는 심각한 수준인가 144

CHAPTER 08
경기변동
1. 경기변동의 이해 148
1) 경기가 좋은지 어떻게 알 수 있나 148
2) 경기동향을 파악하는 방법 151
3) 경기와 버블의 관계 154
2. 일본의 경기변동 157
1) 일본에서 경기를 판단할 때 157
2) 15번의 경기순환을 경험한 일본 158
3) 일본의 주요 경기대책 163

CHAPTER 09
소비자

1. 소비자의 이해 172
   1) 왜 소비를 해야 하나 172
   2) 얼마나 소비를 해야 만족할까 174
   3) 소비자잉여를 알면 손해 보는 일은 없다 176
   4) 소비자 주권을 챙기자 177
2. 일본의 소비자 180
   1) 일본 경제와 소비 180
   2) 일본 소비시장은 이렇게 변하고 있다 181
   3) 일본 소비자는 이렇게 변하고 있다 182

CHAPTER 10
금융

1. 금융의 이해 190
   1) 금융이란 190
   2) 금융기관의 역할 192
   3) 금융시장이란 193
2. 일본의 금융 197
   1) 일본은행과 금융정책 197
   2) 금융정책의 변화과정 201

CHAPTER 11
재정

1. 재정의 이해 206
   1) 국가와 재정 206
   2) 정부 재정의 세 가지 역할 208
   3) 어디까지가 공공의 영역인가 211
2. 일본의 재정 214
   1) 일본 재정, 왜 이렇게 나빠졌나 214
   2) 일본 재정, 얼마나 심각한가 217

CHAPTER 12
한 · 일 경제관계와 일본 경제의 향후 전망

1. 한 · 일 경제관계 224
   1) 더 이상 일본은 우리의 중요한 무역 대상국이 아니다 224
   2) 한 · 일 무역 변천과정 227
   3) 대일무역적자 무엇이 문제인가 229
2. 일본경제, 남은 과제와 향후 전망 234
   1) 남겨진 과제 234
   2) 향후 전망 237

• 참고문헌 242
• 찾아보기 244

CHAPTER 01

시장

CHAPTER

01 시장

1. 시장의 이해

1) 시장에는 정말 전지전능한 신이 존재하는 것일까

우리는 거의 매일 시장을 이용한다. 물건을 사고파는 사람이 모여 거래를 하는 곳이 바로 시장이기 때문이다. 물론 물건만 거래하는 것은 아니다. 금융시장처럼 눈으로 확인할 수 있는 경우도 있지만 노동시장처럼 볼 수 있는 실체가 없는 시장도 있다. 수요와 공급에 따라 거래가 발생하면 그곳은 곧 시장이 된다.

경제학에서 시장이란 생선시장이나 주식시장과 같은 구체적인 장소를 가리키는 것뿐 아니라 거래 그 자체를 가리키기도 한다. 보통 부둣가에서 열리는 생선시장에서는 전문가가 아니면 알 수 없는 손동작으로 경매가 이루어지고 가격이 정해지지만, 슈퍼마켓에 장을 보러 온 사람이 점원과 가격 흥정을 하는 일은 없다. 그러나 슈퍼마켓에서도 상품이 부족하면 가격이 상승하고 상품이 남으면 가격은 하락한다. 이러한 현상을 경제학에서는 시장원리라고 한다. 시장원리는 시장에서 거래되는 재화나 서비스의 가격 결정이 수요와 공급에 의해 지배받는 원리를 의미한다. 시장이 필요로 하는 것보다 많은 양의 공급이 발생하면 가격이 내려가고 시장에서 공급이 부족하면 가격은 다시 오른다.

이처럼 경제적 결정을 시장에 맡기는 경제를 우리는 시장경제라고 한다. 시장경제에서는 개인이 생산자로부터 생산물을 구입하고 생산자는 생산요소(원자재)를 사용하여 생산물을 만들어낸다. 이때 시장은 크게 생산물시장, 노동시장, 자본시장으로 구분할 수 있으며 개인과 기업이 서로 의존하는 구조가 만들어진다. 개인은 생산물시장에서 소비자로 불리지만 노동시장에서는 노동자가 되며, 자본시장에서는 투자자로 변신하면서 모든 시장에 깊이 관여하게 된다.

표 1-1 거래되는 상품에 따른 시장 구분

시장구분	거래되는 상품	개인과의 관계
생산물시장	생산자가 개인에게 생산물을 판매하는 시장	소비자
노동시장	생산자가 생산요소로 노동력을 구입하는 시장	노동자
자본시장	생산자가 생산요소로 자금을 조달하는 시장	투자자

시장경제에서 이루어지는 다양한 경제적 결정에는 개인의 사적인 의사결정과 정부의 공적인 의사결정이 있다. 자유로운 시장경제를 전제로 하는 경제에서는 사적인 의사결정은 '시장'에 맡겨야 한다고 본다. 그러나 그렇게 맡겨두면 시장은 정말 모든 것을 해결해주는 것일까.

소비자나 생산자와 같은 경제활동을 하는 주체를 경제주체라고 하는데, 자원이 한정되어 있기 때문에 이들 모든 경제주체는 반드시 무엇인가를 선택하지 않으면 안 된다. 그리고 기본적인 경제모델에서는 개인과 기업은 합리적 선택을 한다고 가정한다. 즉 경쟁이 자유로운 시장경제에서 개인은 자신의 욕구를 충족시키기 위해 선택을 하고, 생산자는 이윤을 극대화하기 위해 선택을 한다. 그렇기 때문에 생산자는 무엇을 생산하면 이윤을 가장 많이 남길 수 있을까를 생각하고, 이윤을 최대로 끌어올리기 위해 어떤 기술을 선택하면 좋을지를 생각해야 한다. 따라서 경제적 결정을 시장에 맡김으로써 '무엇을 얼마만큼 생산할 것인지', '어떤 방법으로 생산할 것인지' 그리고 '누가 어떤 과정을 통해 경제적 결정을 할 것인지'라는 문제의 답을 얻게 되는 것이다.

이러한 시장경제는 '누구를 위해 생산하는 것인가'라는 문제의 답도 찾을 수 있다. 시장경제에서는 일을 한 노동자에게는 많은 소득을 보장하지만 그다지 일을 하지 않은 노동자에게는 적은 소득을 배분한다. 따라서 모든 것을 시장경제에 맡기면 일할 수 없는 어린이와 노인은 소득을 얻을 수가 없다. 그래서 정부는 사회적 약자를 구제하기 위해 다양한 사회복지 정책을 추진해야 하며, 이것이 정부가 해야 하는 역할이다.

2) 시장이 제대로 작동하기 위해서 필요한 것은 무엇일까

시장경제가 중요하게 생각하는 것은 경쟁이다. 왜냐하면 시장에서 수요와 공급에 의한 가격이 올바르게 결정되기 위해서는 경쟁이 필요하기 때문이다. 경제활동에 참여하는 경제주체는 자신의 이익을 극대화하기 위해서 다양한 형태의 경쟁을 한다. 생산한 제품과 서비스의 가격을 어떻게 설정할 것인가는 가격경쟁력을 좌우하게 되고, 제품의 품질을 높이기 위한 경쟁은 제품경쟁력을 결정한다. 가격과 품질뿐 아니라 판매한 이후의 사후관리도 경쟁의 영향을 받는다.

그런데 경쟁을 통해 결정되는 시장가격이 몇몇 시장지배력을 가진 기업에 의해 결정된다면 시장은 크게 왜곡될 수밖에 없다. 즉 효율적인 경영활동을 하는 기업과 산업이 성장하기 어려워지는 반면 유망하지 않은 기업과 산업이 성장하여 결과적으로 희소한 자원이 비효율적으로 배분된다.

이렇듯 필요한 경쟁이 시장에서 자유롭고 공정하게 이루어져야 비로소 진정한 의미에서 경쟁의 효과를 기대할 수 있다. 자유로운 경쟁이란 누구나 시장에 참여하여 자율적으로 거래를 할 수 있다는 것을 의미한다. 그리고 공정한 경쟁이란 우월적 지위행사, 강매 등을 이용한 거래가 아니라 가격, 품질, 서비스 등의 수단을 이용하여 합리적으로 거래가 이루어지는 것을 뜻한다. 공정거래위원회가 시장에서의 경쟁을 저해하는 행위에 대해 엄격하게 규제를 하고 있는 것도 이 때문이다.

이와 같은 사실에서 볼 때 시장에서는 완전한 형태의 경쟁이 이루어져야 마땅하지만 사실은 그렇지 못한 경우가 대부분이다. 왜냐하면 완전경쟁시장은 경제학자들이 현실에 존재하는 시장과 경제현상을 이해하고 분석하기 위해 만들어낸 일종의 모형이기 때문이다. 따라서 완전경쟁시장은 세상에 존재하기는 어렵지만 이상적인 시장형태의 한 기준이 될 수 있다. 실제 어떤 시장에서든 모든 기업은 다른 기업과 경쟁을 해야 하지만, 여기서 말하는 완전경쟁시장이라면 훨씬 더 높은 수준의 경쟁에 직면하게 된다.

그래서 어떤 시장을 완전경쟁시장이라고 말하려면 여러 조건을 갖추고 있어야 한다. 첫째, 특정 기업이 가격에 영향을 줄 수 없을 정도로 시장에 참여하는 기업의 수가 많아야 한다. 왜냐하면 시장에 기업이 많을수록 특정한 하나의 기업이 시장가격에 영향을 미치기 어려워지기 때문이다. 생산자뿐만 아니라 소비자 수도 많아야 한다. 어느 한 사람이 시장에서 결정된 가격에 따라 재화를 구매한다고 해서 시장가격 전체에 영향을 주지는 못한다. 그것은 시장에 소비자가 무수히 많기 때문이다. 완전경쟁시장은 시장에 참여하는 모든 경제주체가 시장에서 정해진 가격을 주어진 그대로 받아들이는 가격수용자가 되어야 한다.

둘째, 기업이 생산하여 시장에서 거래되는 상품의 품질이 동일해야 한다. 품질에 차이가 발생한다면 당연히 가격이 연동해서 달라지기 때문이다. 상품의 품질이 모두 같고 규격이나 디자인이 모두 같으므로 한 가지 상품에 대해서 두 개의 가격이 성립할 수 없다. 그래서 일반적으로 완전히 표준화된 제품을 말할 때는 품질이 완전히 동일한 제품을 의미한다. 따라서 소비자는 시장에서 재화를 구입할 때 그것이 어느 기업이 만든 것인지 알 수 없다. 가령 수입 오렌지시장에서 소비자는 그 오렌지가 어느 농부의 손에 의해 어느 과수원에서 자라 생산되었는지 알 수도 없고 굳이 알려고 하지도 않는다. 누가 생산했든 다 같은 오렌지라고 생각하기 때문이다.

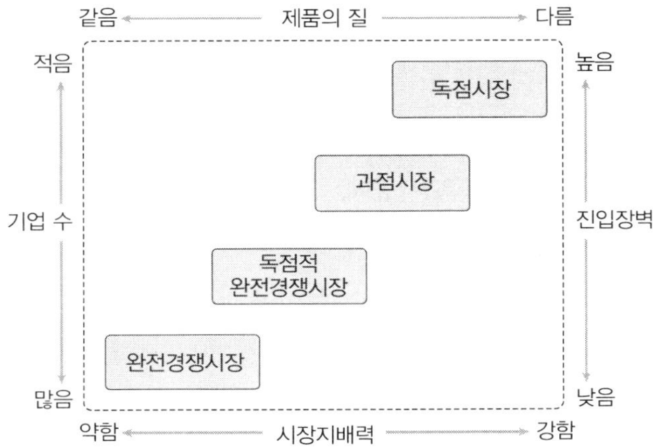

그림 1-1 경쟁 정도에 따라 구분하는 시장 형태

셋째, 시장 참여자 모두가 갖고 있는 정보가 완전해야 한다. 제품 가격은 물론 특정 기업이 보유하고 있는 기술 등 시장과 관련된 모든 정보를 시장 참여자 모두가 공유할 수 있어야 한다. 물론 이러한 정보를 수집하거나 이용하는 데 따르는 어떠한 시간적 · 금전적 비용도 발생해서는 안 된다. 소비자가 정확한 가격을 모른다면 특정 기업이 시장가격보다 높은 가격에 재화를 판매할 수 있는 상황이 벌어지기 때문이다.

마지막으로 시장 참여자 모두가 자유롭게 시장에 진입하거나 이탈할 수 있어야 하고 생산요소 역시 자유로운 이동이 보장되어야 한다. 어느 누구든 새롭게 재화를 생산하고 싶으면 그렇게 할 수 있어야 하고, 생산을 그만두고 시장에서 나가고 싶다면 언제든지 나갈 수 있어야 한다. 원칙적으로 시장에 진입할 수는 있지만 이탈이 안 된다면 실제로는 진입도 어렵다고 간주해야 한다.

흔한 예로 대기업과 중소기업 간의 거래를 생각해 보면 된다. 휴대전화를 만드는 대기업이 부품을 납품하는 중소기업에게 3년간 반드시 납품해야 한다는 조건을 제시하고, 중소기업이 이를 받아들여 계약이 성사되었다면 중소기업은 시장에서 자유로운 퇴출이 어려워진다. 가령 3년이 경과하기 이전에 경영상태가 악화되어 사업을 그만두고 싶어도 그렇게 하기가 어려워지기 때문이다. 따라서 중소기업은 새로운 시장으로의 진입을 주저하게 되고, 이런 경우 시장으로의 진입과 퇴출은 서로 연계되어 있다고 보는 것이 타당하다.

이론에서 가정하는 완전경쟁시장의 네 가지 조건들을 빠짐없이 갖춘 시장을 찾기란 거의 불가능하다. 경제학자가 모형으로 제시하는 완전경쟁시장과 완벽하게 일치하는 것은 아니지만, 비교적 완전경쟁시장과 유사한 시장으로 간주되는 것이 농산물시장이나 주식시장이다. 이 시장에는 공급자와 수요자가 충분할 정도로 많이 존재하고 생산되는 것도 상대적으로 질적인 차이가 크지 않다. 물론 원하면 누구라도 이 시장에 참여할 수 있으며 싫어지면 곧바로 떠날 수도 있다. 또한 이 시장은 한 명이 아무리 애를 써도 시장에서 결정된 가격을 조절할 수 없다는 조건도 갖추고 있다.

3) 경쟁을 피하는 것도 경쟁

시장경제의 한 가운데 중심을 잡고 있는 것이 바로 경쟁이다. 그렇다면 경쟁에 대해 우리는 보통 어떤 생각을 가지고 있는 것일까. 경쟁하면 많은 사람들이 자신의 경험에 비추어 수험경쟁을 가장 먼저 떠올릴지 모른다. 수험경쟁은 가장 대표적인 대학수학능력시험이 있고,

1점, 2점을 서로 경쟁하여 수험경쟁에서 승자가 되기도 하고 패자가 되기도 한다. 경쟁은 실로 비정한 것이며 약육강식의 세계, 그 자체이다. 경쟁에 대해 이러한 생각에 공감하지 못하는 것은 아니지만, 이것은 너무 좁은 생각이다. 경제학에서 말하는 시장원리에 대해 생각할 때는 이러한 경쟁에 대한 편견을 과감히 버리고 출발해야 한다.

여기서 생각해 봐야 하는 것은 경쟁의 규칙을 누가 정하는가이다. 결론부터 말하면 경쟁의 규칙을 정하는 것은 다름 아닌 본인 자신이다. 경쟁에는 여러 가지 형태가 있다. 중요한 것은 자신이 어떠한 경쟁을 하고 싶은가를 아는 것이다. 우리는 자신에게 가장 유리한 경쟁을 하면 된다.

이러한 경쟁과 관련해서는 다음과 같은 3가지 원칙이 중요하다. 첫째는 상대를 꺾는 것만이 경쟁이 아니라는 점이다. 다시 말해 승자와 패자를 정하는 것만이 경쟁이 아니다.

둘째는 경쟁은 단 한 번에 끝나지 않는 경우도 있다는 점이다. '실패는 성공의 어머니'라는 말이 있다. 이 세상에는 실로 다양한 사람이 여러 형태의 경쟁을 하며 이기는 사람도 있고 지는 사람도 있다. 그러나 경쟁은 단 한 번에 끝나는 것이 아니고 여러 분야에서 반복해서 이루어진다. 이것은 매우 중요한 의미를 갖는다.

셋째는 경쟁이란 말 그대로 언제나 경쟁을 해야 한다는 말은 아니다. 경쟁에 반대되는 말로는 '협조'가 있다. 경쟁을 피하는 '지혜'가 경제사회에서는 매우 중요한 의미를 갖는다. 경쟁을 피하는 지혜, 즉 협조란 무엇인가에 대해 경쟁과 함께 생각해 볼 필요가 있다.

언제나 상대를 제압하는 것이 경쟁이 아니며, 경쟁은 단 한 번에 끝나지 않고, 그리고 경쟁을 피하는 방법도 있다. 이 세 가지에 공통되는 중요사항은 '누가 경쟁의 규칙을 정하는가'이다.

한 가지 사례를 통해 앞서 언급한 내용을 확인해 보도록 하자. 세계적으로 널리 알려진 일본 게임업체 닌텐도라는 기업이 있다. 닌텐도는 잘 알려져 있듯이 50년 전만 하더라도 화투나 트럼프를 만들던 회사였다. 트럼프나 화투를 만들던 회사가 앞으로 어떻게 하면 트럼프, 화투 업계에서 경쟁해서 이길 것인가에 대한 경쟁의 규칙을 정했다면, 절망적인 대답밖에 얻을 수 없었을 것이다. 트럼프는 전형적인 쇠퇴산업이다. 이 쇠퇴산업에서 분발한다는 것은 어려운 일이다.

닌텐도는 과연 무엇을 파는 회사인가에 대해 뿌리부터 다시 생각해 본 결과, 커다란 가능성을 찾을 수 있었다. 결국 그것은 전문용어로 '비즈니스 도메인(Business Domain)'과 관련된 문제였다. 도메인은 분야 혹은 영역을 의미한다. 즉 그 기업의 비즈니스 영역이 어디인가의 문제인 것이다. 닌텐도의 비즈니스 도메인은 트럼프, 화투를 만드는 회사라고 설정해 버리면, 즉 트럼프, 화투를 만드는 영역에서 경쟁한다는 식으로 닌텐도가 경쟁의 규칙을 만들어 버린다면 더 이상의 발전을 기대하기는 어려웠을 것이 틀림없다. 그러나 우리가 잘 알고 있듯이 닌텐도는 그렇게 생각하지 않았다. 닌텐도는 쇠퇴하는 산업으로 간주되는 업종에서도 발상을 전환하면 장래가 밝은 산업이 될 수 있음을 입증시켰다. 풍요로운 사회가 될수록 사람들은 여가에 보다 많은 시간과 돈을 쓸 것이라는 점을 통해서.

컴퓨터기술을 비롯한 다양한 첨단기술이 발달하면서 '닌텐도 패미컴'이라는 아이템이 탄생했고, '닌텐도 DS'로 세계 게임시장을 석권했다. '닌텐도 패미컴'과 '닌텐도 DS'는 형태는 그 옛날 트럼프, 화투와 다르지만, 실제 제공하고 있는 것은 같다고 볼 수 있다. 그렇기 때문에 자신의 비즈니스 도메인을 어디에 둘 것인가가 중요하다. 경쟁에 노출된 기업과 개인은 자신의 비즈니스 도메인을 처음부터 너무 좁은 곳에 두고 있는 것은 아닐까. 경쟁의 규칙을 자신이 결정한다는 것, 그것이 바로 시장원리 안에서 풍요로움을 축적하는 첫걸음이 되는 것이다.

[시장경제 바로 알기] 독과점 vs 완전경쟁시장

공급자 간 치열한 경쟁은 소비자로 하여금 싸고 질 좋은 제품과 서비스를 누릴 수 있게 해 준다. 그런데 경쟁은 어떤 경우에 생겨날까? 흔히 공급자의 숫자가 적으면 경쟁이 없는 독과점 구조이고, 공급자의 수가 많을수록 경쟁이 치열하다고 생각하는 식의 2분법적 사고가 우리의 사고를 지배할 때가 많다. 우리나라의 공정거래법도 상당 부분 그런 관념에 기초하고 있다. 그러나 경쟁은 단순히 공급자가 많다고 생겨나지는 않는다. 공급자의 숫자가 많아도 경쟁이 없을 수 있고, 수가 적어도 치열하게 경쟁할 수 있다.

서울시내에는 260개의 택시 회사가 있다. 또 택시의 숫자로 따지면 2만3,000대나 된다. 그 많은 택시들이 서로 손님을 태우려고 할 테니 택시업계에는 치열한 경쟁이 존재할 법하다. 그리고 승객들은 백화점이나 할인점 못지않은 친절한 서비스를 받는 것이 마땅하다. 그러나 현실은 그렇지 않다. 택시가 그렇게 많은 데도 손님에게 친절히 대하려는 경쟁은 찾아보기 어렵다. 가끔 친절한 기사분을 만나는 행운이 찾아오기도 하지만 그것은 운일 뿐이다. 오늘날 택시 기사의 친절함은 경쟁 때문이 아니라 그 사람의 심성이 곱기 때문이다. 반면 할인점이나 백화점 같은 경우

공급자의 숫자는 몇 개 안 되지만 그들 간 경쟁은 치열하다. 롯데백화점과 신세계 백화점이 벌이는 경쟁, 이마트와 까르푸, 홈플러스 간 벌어지고 있는 경쟁을 생각해 보면 된다. 그 덕분에 소비자들은 더 싸고 품질 좋은 제품과 친절한 서비스를 누릴 수 있다. 점원들에게 친절교육을 시키고 어떻게든 자기 매장을 매력적으로 만들기 위해 최선을 다하는 것, 그것이 경쟁의 참 모습이다.

이 두 가지 사례는 경쟁이 무엇으로부터 생겨나는지를 잘 보여준다. 그 답은 소비자가 공급자를 선택할 수 있는지의 여부다. A할인점이 자기에게 불친절하게 대했을 경우 소비자는 A 대신 B를 택한다. 할인점의 입장에서 보면 자신이 소비자에게 대하는 태도에 따라 손님이 늘어나기도 하고 줄기도 하기 때문에 어떻게든 다른 할인점에 비해 매력적이 되도록 노력한다. 그러나 택시업계에서 택시기사 또는 택시회사와 소비자 간 관계는 그렇지 않다. 소비자는 그저 자신에게 다가오는 택시를 세울 수 있을 뿐 어떤 택시를 탈지 고를 수 없다. 택시회사나 기사의 입장에서도 손님에게 잘 해줘 봐야 별로 이익될 것이 없다. 그런다고 해서 손님이 자기 택시나 회사를 다시 찾을 수도 없기 때문이다. 친절하고 좋은 서비스는 그저 운전기사의 선한 품성에만 맡겨질 뿐이다.

요약하자면 이렇다. 할인점 업계의 경우 소비자가 경쟁자들을 식별할 수 있고 제품과 서비스의 차이에 대해 소비자가 민감하게 반응하기 때문에 경쟁자의 숫자는 적지만 경쟁은 치열해진다. 반면 택시업계의 경우 소비자들이 좋은 공급자와 나쁜 공급자를 구별해서 선택할 수 없기 때문에 비록 공급자의 숫자는 많지만 경쟁은 거의 생겨나지 않는다. 최근 파주시가 추진하고 있는 택시 브랜드화는 아주 좋은 방법이다. 택시 회사별로 색깔을 달리 해서 소비자가 택시를 골라 탈 수 있게 하는 것도 택시 브랜드화의 한 가지 방법일 수 있다. 그렇게 하면 택시회사 간 친절 경쟁, 가격 경쟁이 생겨날 것이고, 비로소 사람들은 소비자로서 제 대접을 받을 것이다. 공급자의 숫자만으로 경쟁이 있는지를 판단하는 생각을 고쳐먹을 때가 됐다.

출처: 한국경제 (2006.03.19).

2. 일본의 시장

1) 왜 일본시장에서는 경쟁을 피하려 하는가

그렇다면 과연 일본시장에서는 완전에 가까운 경쟁이 이루어지고 있는 것일까? 완전경쟁시장의 조건 중 하나인 진입장벽의 관점에서 생각해 보자. 오랫동안 일본시장에서는 격렬한 경쟁을 피하면서 업체 간의 공존공영을 우선시하는 경향이 뚜렷했다. 그 결과 제조업체 중심의 대리점 제도가 만들어지고 복잡한 리베이트 체계가 유통구조 중심에 들어서게 되었다. 그래서 일본시장은 너무 복잡해서 외부로부터의 진입이 어렵다는 비난을 받아왔다.

외국에서 보는 일본의 유통은 관련된 업체가 함께 이익을 나눠먹는 구조로 보인다. 미국과 같이 비교적 시장경제가 발달된 나라에서는 생산한 제품의 시장점유율을 높이려면 가격을 낮추거나 대규모 광고를 기획하는 등 동원할 수 있는 모든 수단을 활용하여 경쟁사와의 한판 승부를 각오한다. 그러나 일본은 이러한 과도한 경쟁을 피하려 한다. 모두가 망할지도 모르는 힘든 길을 선택하는 기업은 많지 않다. 이러한 경제현상은 상대와 경쟁하거나 유독 눈에 띄는 한 사람의 독주를 싫어하는 일본인의 문화적 정서와도 관련이 있어 보인다. 시장이 정상적으로 작동하는 데 반드시 필요한 경쟁은 언제나 새로운 세력이 자유롭게 참여할 때 비로소 자극을 받으며, 그로 인해 소비자는 시장에서 적정한 가격으로 제품을 구매할 수 있게 된다.

일본시장에 진출하려는 외국기업이 반드시 극복해야 할 일은 일본

특유의 복잡한 유통망이다. 이러한 유통망을 알기 위해서는 먼저 '계열 유통망'부터 이해해야 한다. 계열 유통망이란 제조업체가 자사 제품을 우선적으로 판매하기 위해 시장배타적으로 구축한 유통망이라고 생각하면 된다. 대부분의 제조업체는 전문적으로 자사 제품을 취급하는 유통업체를 지정해서 판매망을 확보한다. 이렇게 만들어지는 유통구조가 바로 계열 유통망이다.

일본의 이러한 유통구조를 잘 모르는 외국기업은 일본시장을 조사하다가 좋은 아이템(상품)을 발견하면 제조업체의 연락처를 우선 확보한다. 확보한 제조업체에 연락해서 다른 도매업체보다 저렴한 가격으로 상품을 구매할 수 없는지를 타진한다. 그러나 일본의 제조업체로부터 받는 것은 거의 틀림없이 판매대리점이나 판매회사로 연락하라는 회신이다. 즉 일본은 제조업체와 판매업체는 분명하게 구분되어 있다. 자사 제품을 우선적으로 판매하는 판매업체는 분명 독립적인 별개의 회사이지만, 이러한 특별한 매매 관계를 형성하고 있다.

일본에서 이와 같은 계열 유통망이 형성되어 있는 분야는 화장품, 가전, 자동차, 의약품, 철강 등 무수히 많다. 그중에서 특히 오랜 관행이 그대로 유지되고 있는 것으로 잘 알려진 철강유통 분야가 가장 대표적인 분야로 꼽힌다.

일본의 철강 생산업체는 유통 계열화를 통해 주요 종합상사에게 철강재 유통을 일임하는 구조를 오랜 기간 동안 유지해오고 있으며, 2000년 이후에는 유통회사 간 통폐합이 이루어지면서 수직적인 계열화 양상이 더욱 심화되고 있다. 신일본제철은 오랜 관행에서 비롯된 것으로 보이는 두터운 상생관계를 바탕으로 미츠이물산이나 Metal-

One과 같은 종합상사와의 거래실적도 많은 편이지만, 철강만을 전문적으로 취급하는 계열 관계의 닛테츠상사와의 거래가 많다. 또한 JFE스틸과 스미토모금속 역시 JFE상사와 스미모토상사 등의 계열 관계의 상사가 철강재 유통의 대부분을 담당하고 있다. 이렇듯 자사 철강재 판매를 위한 유통회사는 물론 그 하부조직까지 조직적으로 내부화하는 것은 유통경로를 통제하는 최고 수준의 유통구조라고 볼 수 있다.

표 1-2 일본 주요 철강업체의 종합상사와의 거래실적 순위

	1위	2위	3위	4위	5위
新日本製鉄	三井物産 (6,798)	Metal One (6,166)	日鉄商事 (5,473)	伊藤忠丸紅鉄鋼 (2,993)	豊田通商 (2,091)
JFE Steel	JFE商事 (10,379)	伊藤忠丸紅鉄鋼 (4,267)	豊田通商 (2,401)	Metal One (2,266)	三井物産 (690)
住友金属工業	住友商事 (7,056)	住金物産 (2,107)	Metal One (452)	阪和興業 (436)	三井物産 (386)
神戸製鉄所	Metal One (2,284)	神鋼商事 (1,656)	豊田通商 (660)	住友商事 (396)	三井物産 (354)
日新製鋼	Metal One (975)	日本鉄板 (703)	三井物産 (495)	阪和興業 (440)	伊藤忠丸紅鉄鋼 (409)
中山製鉄所	中山通商 (489)	阪和興業 (233)	Metal One (92)	三井物産 (55)	日鉄商事 (52)
合同製鉄	Metal One (256)	日鉄商事 (173)	三井物産 (158)	阪和興業 (143)	伊藤忠丸紅鉄鋼 (59)

출처: 鉄鋼流通情報社 (2009). 鉄鋼流通ハンドブック. 鉄鋼流通情報社 자료를 바탕으로 작성
주: ( ) 안 숫자는 2008년 거래실적, 단위는 억 엔

2) 왜 일본으로 진출하는 외국기업이 많지 않은가

이처럼 특수한 계열 유통망이 존재하는 일본시장을 외국기업은 얼마나 매력적인 시장으로 생각하고 있는 것일까? 그 실마리는 일본으로 투자하는 외국기업 동향에서 찾아볼 수 있다. 일본기업의 해외진출은 꾸준히 증가하고 있지만 일본에 투자하는 외국기업은 상대적으로 매우 적은 것이 현실이다. 일본의 국내총생산(GDP) 대비 외국인직접투자 비율은 북한보다도 낮을 정도로 심각한 수준에 머물러 있다. 2010년 기준으로 국내총생산의 4%도 안 되며, 한국(12.6%)과 중국(9.9%), 그리고 중국과 러시아의 직접투자가 대부분인 북한(12.5%)보다도 낮다.

이처럼 일본으로 투자하는 외국기업이 적은 이유는 외국자본을 유치하고자 하는 노력이 부족해서일 것이다. 일본무역진흥기구(JETRO)

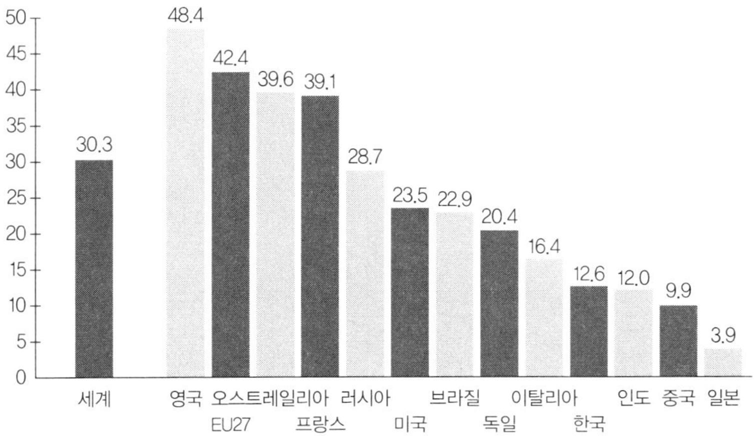

그림 1-2 각국 외국인직접투자(누계)의 GDP 대비 비중(2010년)

출처: UNCTAD

가 외국기업을 대상으로 조사한 결과를 보면, 일본에서 사업을 할 때 느끼는 가장 큰 어려움은 인재 확보와 높은 비용으로 나타난다. 그러나 고비용과 인재 확보의 어려움을 제외하고, 보다 본질적인 문제는 일본 정부의 의지일 것이다. 일본은 정부가 주도하는 '2013년 산업경쟁력회의'에서 '법인세 제로', 이른바 경제특구를 조성하겠다는 의지를 표명했다. 그러나 외국기업 투자유치기관의 담당인력이 겨우 60명 정도인 상황에서 얼마나 실효를 거둘게 될지 의문이다. 국민총생산이 일본보다 적은 독일만 해도 한 개 지역에 60명의 인력이 배치되어 있을 정도다. 한국도 외국기업 투자 유치를 주된 업무로 하고 있는 한국무역투자진흥공사(KOTRA) 직원이 약 300명(해외거점 현지 인력 포함)에 이른다. 그리고 싱가포르는 정부기관, 경제개발청을 중심으로 국가차원의 외국기업 투자유치를 적극적으로 추진하여 국민총생산 대비

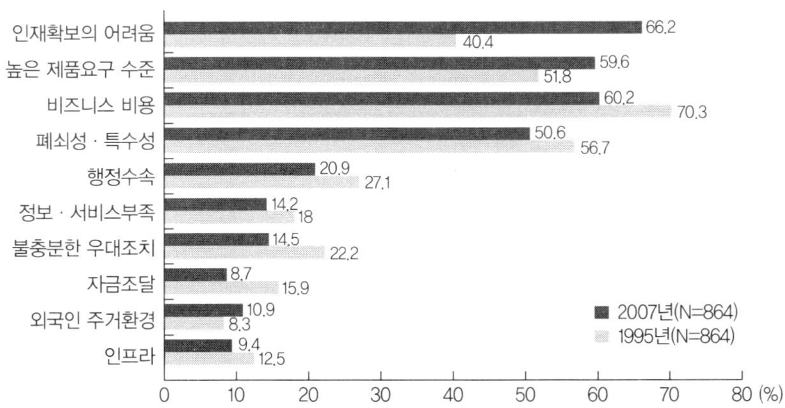

그림 1-3 일본에서 비즈니스를 하는 데 어려운 점

출처: JETRO (2007). 対日直接投資に関する外資系企業の意識調査.

200%가 넘는 외국인직접투자 실적을 올리고 있다.

사실 외국기업 유치에 가장 적극적이었던 사람은 고이즈미(小泉) 전 총리였다. 해외 TV에 출연하여 'INVEST JAPAN'을 호소하기도 했고, 적극적인 대일투자촉진 정책을 추진하기도 했다. 1990년대 중반 이후 외국인투자에 걸림돌이 되는 규제완화 3개년 계획을 수립하고 매년 부문별로 1,000건 이상의 규제를 폐지 또는 완화함으로써 기업의 구조조정과 더불어 외국기업의 사업 환경 개선에 노력해 왔다. 특히 수익성이 낮은 비제조업의 효율화 및 생산성 강화가 일본 경제의 장기적인 성장동력 확충에 반드시 필요하다는 인식하에 비제조업 관련 규제완화에 역점을 둔 것으로 보인다. 뿐만 아니라 외국인직접투자를 유인하려는 각종 정책에서도 투자자가 매력적으로 인지할 수 있는 각종 제도를 단계별로 마련하여 실시했었다. 그러나 이러한 정책은 만족할 만한 성과를 거두지 못한 채 정권 이양과 함께 정책적 의지가 약해졌다.

표 1-3 외국인직접투자와 관련된 일본 정부의 규제완화 추진 상황

계획기간	계획명	규제완화 검토 대상 건수
1995~1997	규제완화추진계획	2,823
1998~2000	규제완화추진 3개년 계획	1,268
2001~2003	규제완화추진 3개년 계획	1,153
2004~2006	규제완화 · 민간개방추진 3개년 계획	1,349

출처: 김진홍 (2007). 일본의 외국인직접투자 증가 배경 및 영향(해외경제정보, 제2007-24호). 한국은행.

표 1-4 일본 정부가 주도하는 대일투자촉진 정책

단계	추진정책 명칭	주요내용
제1단계 2003년 3월 대일투자회의	대일투자촉진 프로그램	• 2001년 대일투자 유치 방침을 수립하고 당시 6.6조 엔이던 외국인직접투자 잔액을 5년 후 2배로 늘린다는 목표 설정 (2006년 말 12.8조 달성) • 2003년 3월 '대일 투자회의(의장은 수상)'를 설치하고 투자정보 제공, 사업환경 정비 등 5개 분야로 구성된 '대일투자촉진 프로그램'을 추진함
제2단계 2006년6월 대일투자회의	대일투자가속 프로그램	• 1단계 종료를 1년 앞당겨 2단계로 진입 • 목표를 2006년 말 대일투자/GDP 비율을 2.5%에서 2010년에 5% 정도로 증가
제3단계 2008년 1월 대일투자유식자회의	대일투자 가속개정(확대) 프로그램	• 2007년 12월에 대일투자회의를 폐지하고 2008년 1월에 대일투자유식자회의 발족 • '대일투자유식자회의'를 통해 향후 대일투자 확대에 필요한 5대 제언을 선정

출처: JETRO (2008). 対内直接投資推進に向けたジェトロの取り組みについて 자료를 바탕으로 작성

3) 왜 일본을 떠나는 외국기업이 늘고 있나

기대성장률이 점차 낮아지는 등 일본시장을 매력적으로 느끼지 못하는 외국기업이 늘어나고 있고, 일본시장에 진출했던 기업마저 사업을 철수하는 사례가 연이어 발생하고 있다. 2010년 이후 사례만 보더라도 일본시장을 멀리하는 외국기업이 늘고 있음을 짐작할 수 있다. 먼저 세계적인 타이어 제조업체 미쉐린(Michelin)은 군마현 오타시에 있던 타이어공장을 2010년에 폐쇄했고, 같은 해에 미국의 미디어그룹 리버티글로벌(Liberty Global)은 합작사였던 KDDI에게 지분을 모두 매

각하고 일본 케이블TV 시장에서 완전 철수했다. 프랑스 계열 유통회사 까르푸(Carrefour)는 일본 유통업체 이온(Aeon)과 맺었던 명칭사용 등의 계약이 완료되어 일본시장을 떠났다.

이미 국내에 잘 알려진 바와 같이 현대자동차도 일본에서의 자동차 판매를 중지했고, 이탈리아 명품 브랜드 베르사체는 점포를 폐쇄했다. 미국 오피스디포(Office Depot) 역시 통신판매를 제외한 모든 판매망을 정리했고, 영국 푸르덴셜의 산하기업 PCA생명도 일본에서의 영업을 중지하는 등 대부분의 산업에서 외국기업이 일본을 떠나는 사례가 나타나고 있다.

글로벌기업 1,000개를 대상으로 실시한 투자매력도 조사에서 2007년에 15위였던 일본이 2010년에 26위로 전락하면서 투자대상국에서 완전히 제외되었다. 반면 1위는 2002년부터 5년 연속 중국이 차지했으며, 브라질이 4위로 부상하는 등 BRICs시대의 도래를 실감하게 하고 있다.

외국기업이 일본에서 사업을 포기하는 것과 맞물려 일본의 자본시장에서도 비슷한 상황이 벌어지고 있다. 도쿄증권거래소에 상장한 외국기업은 1991년 127개사를 정점으로 감소하기 시작하여 2010년 3월 현재 겨우 15개만이 남아 있는 상태이다. 상장을 폐지할 예정인 기업이 늘어나는 반면 2008년 이후 신규로 상장한 기업은 단 하나도 없다.

이렇듯 일본에서 철수하는 외국기업들은 비슷한 규모의 신규투자를 인도나 중국 등 다른 지역을 중심으로 전개하고 있다. 일본에서 고급 타이어를 생산하던 미쉐린은 금융위기 이후 채산성이 악화된 것이 일본시장에서의 철수를 결정한 주된 이유였으며, 대신에 인도 남부에

400억 루피(약 9억 달러)를 투자하여 버스 · 트럭용 타이어 생산 공장을 건설했다.

분명 일본시장을 떠나는 외국기업이 증가하는 이유는 급속도로 진행 중인 고령화와 더불어 오랜 기간 지속되고 있는 디플레이션 등의 영향으로 일본의 기대성장률이 낮아지고 있는 점과 무관하지 않다. 그러나 시장의 매력을 상실시키는 요인을 시장축소와 소비부진과 같은 경제적 요인만으로 설명하는 것은 한계가 있다. 시장의 활력은 진입장벽이 없는 자유로운 경쟁에서 비롯된다. 시장 개방의 척도를 바로 세우고, 외국기업이 일본시장에 진입하는 데 걸림돌이 되는 장벽을 허물어야 비로소 온전한 시장의 온기가 돌아올 것이다.

외국차 업체들, 경차 중심 일본시장 뚫는데 애먹어

일본 자동차 시장에서 경차가 차지하는 비율이 높아지면서 스스로 고립을 좌초하고 있으며 외국업체들에게는 큰 장벽이 되고 있다는 지적이 나왔다.

16일(현지시간) 월스트리트저널(WSJ)은 일본 자동차 시장이 과거 세계 시장의 트렌드를 좌우했으나 경차 위주로 폐쇄성이 강해 이제는 무의미해질 위기에 처해 있다고 보도했다.

현재 일본에서 팔리는 차량의 90%가 자국 브랜드이며 그중 3분의 1은 일본에서만 판매되는 초소형 경차종들인 이른바 '미니카'다. 일본에서 경차가 인기 있는 이유는 비좁은 도로와 비싼 기름값과 높은 자동차세, 지난 20년간 지속돼온 경기침체

탓이다.

이 신문은 일본이 수입차에 관세를 부과하지 않는데도 불구하고 일본에서 적용되는 독특한 환경과 안전기준, 그리고 경차 구입자들에게 주어지는 세금 감면 혜택이 마치 무역장벽과 같은 기능을 하고 있다고 지적했다.

일본 자동차 시장의 규모는 미국과 중국에 이어 세계 3위이지만 폐쇄적이어서 미국의 3대 자동차업체인 '빅3'는 일본시장에 기대를 걸지 않는 듯 3년 연속 도쿄 모터쇼에 불참하고 있다.

제너럴모터스(GM) 일본법인 사장 이시이 수미토는 외국업체들이 일본에서 자동차를 팔기 위해서는 차종을 개조를 해야 하는 번거로움이 있으며 일본 자동차 시장의 특수한 취향이 장벽 역할을 하고 있다고 지적했다. 일본 폭스바겐 그룹의 최고경영자(CEO)인 쇼지 시게루는 일본 자동차 시장이 마치 독특하게 진화하다 결국 고립으로 쇠퇴한 갈라파고스섬 같다고 비유했다. 저널은 도요타의 경우 자국 시장용 차종 개발에 대한 지나친 집착에 대해 우려를 하기 시작하고 있다고 전했다.

닛산 자동차 부회장인 시가 토시유키는 "일본에서만 팔리는 미니카를 업체들이 계속해서 만드는 게 바람직한지 의문"이라고 말했다.

일본시장이 전체 매출의 20%를 차지하는 도요타는 자국 시장에 대한 지나친 치중을 우려해 지난 2010년 이후 중국에 연구개발센터를 포함한 시설을 설립했으며 엔지니어들에게 해외로 많이 진출할 것을 권장하고 있다고 이 신문은 전했다.

출처: 파이낸셜뉴스 (2013.12.17).

CHAPTER 02

기업경영

CHAPTER

02 기업경영

1. 기업경영의 이해

1) 기업의 목적은 무엇인가

기업의 정의를 새삼스럽게 정리할 필요가 있느냐는 지적을 받을지 모르겠지만 그래도 굳이 해 본다면, '기업이란 제한된 경영자원(토지, 건물, 기계설비, 노동력, 자금 등)을 활용하여 재화와 서비스의 생산 및 판매활동에 종사하여 최대의 이익을 올리는 것을 목적으로 하는 조직'이라고 할 수 있다. 현대의 기업은 가령 중세시대 무역을 목적으로 조성된 '선단(船團)'과 같이 단 한 번의 영리목적을 위해 조직되는 것이 아니라 '계속적'으로 그러한 활동에 종사하는 것이 특징이다.

사실 기업은 재화와 서비스를 자체적으로 생산하지 않고 '시장'에서 조달해도 된다. 그러나 많은 기업이 내부에서 생산하는 것은 시장에서 조달하는 것보다 거래비용(원활한 기업 활동을 위해 필요한 다양한 비용, 외부와의 거래에 필요한 비용뿐 아니라 내부 관리비용도 포함)이 적게 들기 때문이다. 오히려 보다 효율적이라고 표현하는 것이 맞을지도 모른다.

IT(정보통신)의 발달과 보급은 기업 조직 내부의 거래비용을 크게 줄이는 데 기여하고 있다. 중간 단계를 생략하고 상하좌우의 신속하고 직접적인 정보전달이 가능해진 것이다. 인터넷 경매를 통해 알 수 있듯이 종래의 거래처나 거래관행과는 무관한 가장 유리한 조달과 판매처를 외부에서 찾을 수 있게 되었다. 이로 인해 외부거래 비용을 크게 줄일 수 있게 된 것이다. 물론 아무리 IT분야에 대한 투자를 늘려 철저하게 대비하더라도 기업 내부와 고객과의 사이에서 전통적인 비즈니스 관행을 계속하면 그러한 효과를 보기는 어렵다. 그러나 많은 선진 기업들의 비즈니스 모델은 빠르게 바뀌고 있는 것이 사실이다.

2) 기업이 이익을 내는 원리를 알아야 한다

앞서 기업의 정의에서 확인한 바와 같이, 기업은 태생적으로 보다 많은 이윤을 남기는 것이 목적인 조직이다. 이윤을 더 많이 내기 위해서는 당연히 이윤이 어떻게 발생하는지를 알아야 한다. 재화와 서비스를 생산하기 위해 쓴 비용보다 그것을 판매하여 얻은 수입이 크면 이윤이 발생하게 된다. 그렇기 때문에 이윤을 극대화하기 위해서는 생산비용과 판매수입의 차이를 크게 하면 되는 것이다. 그런데 여기서 주의해야 할 점이 있다. 판매수입을 늘리기 위해서 생산량을 늘리면 비용도 함께 늘어나기 때문에 생산량을 늘린다고 해서 반드시 이윤이 늘어나는 것은 아니다. 따라서 기업이 추가적인 비용을 감수하며 생산을 늘릴 것인가에 대한 판단은 결국 추가생산으로 늘어난 재화와 서비스를 판매해서 얻을 것으로 예상하는 수입이 얼마가 될 것인가에 따라 달라진다. 결국 어느 한쪽이 아니라 판매수입과 생산비용은 함께 고려

해야 하는 사항이며, 그 결과에 따라 생산량이 결정된다.

이윤과 관련하여 또 하나 중요한 것은 생산량이 늘어난다고 해서 반드시 생산단가가 낮아지는 것은 아니라는 점이다. 대량으로 생산하는 것이 보다 큰 이윤 창출에 적합하다고 알려져 있는 가전제품이나 자동차의 경우에는 비교적 큰 생산체제를 갖추는 것이 가격경쟁력을 확보하는 데 유리하다. 왜냐하면 이들 제품은 생산규모가 클수록 생산단가가 낮아지는 특성을 가지고 있기 때문이다. 경제학에서는 이렇게 생산규모가 커지면서 생산단가가 낮아질 때 '규모의 경제'가 존재한다고 간주한다. 일반적으로 기업의 생산규모가 작은 수준에서는 기업의 모든 생산요소의 투입을 늘리면 규모의 경제 현상이 나타나지만, 계속해서 규모를 확대시키면 규모의 경제는 사라지고 '규모의 불경제' 현상이 나타난다. 오늘날 다양한 산업 분야에서 국경을 넘는 기업 통폐합이 이루어지고 있는 것도 이러한 규모의 경제를 최대한 활용하기 위해서이다.

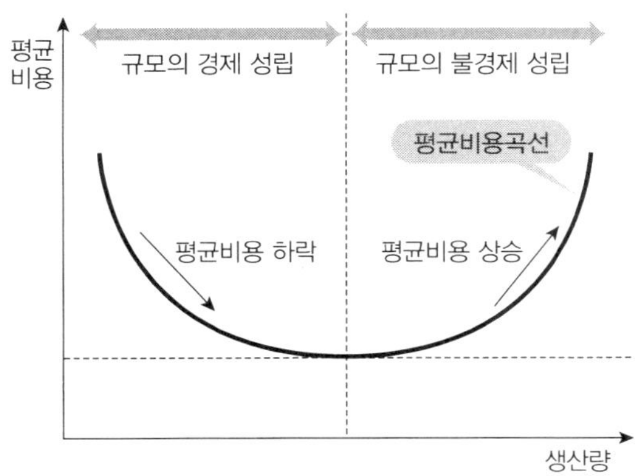

그림 2-1 규모의 경제와 평균비용 곡선

이러한 규모의 경제는 비용을 자본, 노동력, 원자재로 분리하여 생산규모와 이들 요소와의 관계를 분석하면 보다 명확하게 설명할 수 있다. 일반적으로 원자재는 평균비용이 일정하기 때문에 생산규모와 관계없이 수확과 비용에 변화가 없다. 그러나 대량생산을 위해 원자재를 대량으로 구입하면 비용이 저렴해지면서 규모의 경제가 발생하게 된다. 노동력은 규모의 경제가 성립하는 것이 경험적으로 입증이 되었다. 기업의 규모가 커지면서 노동을 보다 전문적으로 활용하게 되어 전체 생산성이 향상될 가능성이 높아진다. 마지막으로 규모의 경제 성립 여부는 자본에 의해 결정되는 경우가 많다. 만약 자본에 의한 규모의 불경제가 발생한다면 기업은 생산규모를 평균비용이 최소화되는 최적의 수준으로 조정해야 할 것이다. 기업 규모가 확대되면서 대용량 기계를 활용하거나 자동화설비를 도입하는 등 자본의 효율적 활용이 규모의 경제를 실현하는 데 중요한 역할을 하게 된다.

그렇다면 기업 규모가 일정수준(평균비용이 하락하다가 다시 상승하기 시작하는 시점)을 지나면 왜 규모의 불경제가 일어나는 것일까? 일반적으로 그 이유는 비대해지면서 비효율적으로 변하는 경영 문제에서 찾는 경우가 많다. 거대조직이 경직되면서 나타나는 소통의 어려움과도 관련이 있다. 규모가 확대된 기업은 각각의 부서가 독립된 형태로 존재하기 때문에 서로 조율하고 통솔하기가 어려워진다. 결국 이러한 조직 내 비효율성이 그동안 규모의 경제로부터 얻는 이윤을 넘어 평균비용이 증가하는 규모의 불경제를 야기시키는 것이다.

그러나 자본을 포함한 모든 요소에 대해서 규모의 경제가 성립하면 시장이 성장하는 한 생산규모를 확대하는 것이 합리적인 기업행동이라고 할 수 있다. 그렇기 때문에 높은 경제성장률을 지속할 때 그 성장을 견인하는 산업의 생산규모가 확대되는 현상이 나타나는 것이다. 그러나 시장이 성숙된 경우에는 전략적으로 기존 자본을 서둘러 매각하고 새로운 분야로 투자를 집중하는 것이 중요해진다.

이처럼 기업의 이윤 발생은 결국 비용과 밀접한 관련이 있다는 것을 알 수 있는데, 비용이 적게 드는 방법으로 앞서 살펴본 규모의 경제와는 조금 다른 개념의 '범위의 경제'도 있다. 즉 단독으로 생산하는 것보다 함께 생산할 때 비용이 저렴해지는 것이다. 어느 기업이 100개의 의자를 만드는 데 5천만 원의 비용이 발생하고, 다른 기업이 200개의 책상을 생산하는 데 1억 원이 든다고 가정해 보자. 만약 이 중 어느 한 기업이 의자 100개와 책상 200개를 동시에 생산할 경우 1억 5천만 원보다 적은 비용, 예를 들어 1억 2천만 원의 비용이 든다면 범위의 경제가 존재한다고 볼 수 있다. 이러한 범위의 경제는 구두와 핸드백같이 상품의 소재가 유사한 결합생산물인 경우, 여러 가지 다른 상품을 생산하고 판매하는 데 생산시설이나 유통망을 공동으로 사용하는 경우에도 발생한다.

3) 기업은 이익을 극대화하기 위해 '선택과 집중'을 해야 한다

결국 기업은 규모의 경제와 규모의 불경제 사이에서 제한된 경영자원을 어떻게 활용할 것인가에 대해 끊임없이 중요한 판단을 해야 한다. 기업은 기존의 사업을 유지 혹은 확대한다든지, 새로운 사업을 일으키기 위해 투자를 할 필요가 있다. 그러나 각각의 기업이 보유한 경영자원은 일정한 한계를 가진다.

그래서 기업은 경영자원을 유용하게 활용하기 위해서 사업 분야의 '선택과 집중'을 하는 것이다. 여기서 말하는 '선택'이란 앞으로 기업이 나아가야 할 방향을 설정한 이후, 주력할 사업을 정하고 그 이외 분야에 대해서는 축소, 매각, 외부위탁(아웃소싱)하는 것을 뜻한다. 한편 '집중'이란 결정한 핵심분야에 보유하고 있는 모든 경영자원을 집중적으로 투입하는 것을 의미한다.

새로운 '선택'을 통해 기업은 매각한 사업의 수입과 외부위탁으로 줄인 비용을 핵심분야에 투입할 수 있게 된다. 일반적으로 매각을 결정하는 사업은 이익은 적고 비용이 많이 들어가는 경우가 많기 때문에 매각에 따른 수입과 더불어 지금까지 지속적으로 들어갔던 비용을 핵심분야로 돌릴 수 있게 된다. 따라서 전사적으로 보면 기업의 효율적 운영이 가능해지는 것이다.

결국 이러한 선택과 집중이라는 경영자원의 유효활용 개념은 사업재편을 추진할 때 중요한 지표가 되기도 한다. 일반적으로 사업을 재편하는 과정에서는 경쟁사와 비교한 상대적 우위성을 발휘하면서 생존하기 위해 무엇이 필요하고 필요 없는가를 조속히 결정하는 것이 중요하다.

최근에는 경영자원의 개념이 점차 복잡해지고 있는데, 노동력, 자금, 설비 등과 같은 기존의 유형자산 못지않게 정보, 노하우, 기업문화, 브랜드와 같은 무형자산이 점차 중요해지는 추세이다. 경영효율화를 위한 선택과 집중은 변함없이 중요하다. 그러나 기업이 독자적으로 가지고 있는 눈에 보이지 않는 재산과 이미지를 손상시키지 않기 위해서도 선택과 집중은 앞으로 보다 중요해질 것이다. 결론적으로 유형 ·

무형에 관계없이 최적화된 경영자원의 투입이 자산가치를 높인다고 볼 수 있다.

지역경제 vs 규모경제 … 갈림길 선 지방은행

반세기의 역사를 자랑하는 지방은행은 이제 21세기 글로벌 금융시대를 맞아 고민에 빠져 있다. 최근 들어 이익이나 성장률 부분에서 시중은행에 뒤지지 않는 성적을 내고는 있지만 IMF 직전 총 1,305곳이었던 지점이 지난해 834개로 줄어드는 등의 위기상황이 감지되고 있기 때문이다. 이제 그들의 앞에는 시대의 변화에 따라 시중은행과 같이 대형화를 꾀하는 방법과, 과거처럼 지역영업에 머무는 두 갈래 길이 놓여 있는 형국이다.

문제는 어떤 길을 선택하더라도 막대한 기회비용을 지불해야 한다는 점이다. 인수합병 등을 통해 대형화를 실현한다면 지방은행이라는 특성을 무시하게 되는 셈이며, 현재의 영업방식에 머무를 경우 글로벌 자본의 규모의 경제 앞에 위기를 맞이할 수도 있다.

■ 갈림길의 지방은행 … 해법은 어디에?

김우진 한국금융연구원 선임연구위원은 지방은행의 대형화에 대해 "저렴한 가격으로 소비자 금융을 실천할 수 있는 기반을 만들 수 있게 되는 것"이라고 말했다.

지방은행들이 영업규모를 확대해 안정적인 자금조달이 가능해지면 소비자에게 합리적인 가격으로 양질의 금융서비스를 제공할 수 있는 기반이 마련된다는 설명이다.

반면 강형구 금융소비자연맹 금융국장은 은행별로 서로 다른 역할을 가지고 있는 만큼 지방은행이 시중은행의 권역을 침범하는 것은 바람직하지 않다는 입장을 전했다.

강 국장은 "우리나라 금융시장은 시중은행, 정책금융기관, 지방은행, 저축은행, 카드사, 대부업체 등으로 나뉘어 있다"면서 "이런 상황에서 지방은행이 대형화를 꾀할 필요가 없다. 각자의 역할이 다르기 때문"이라고 밝혔다.

그는 "지방은행들은 지금으로서도 지역에서 제 역할을 충분히 할 수 있다. 금융업이란 산업이 규모가 커진다고 해서 무조건 유리한 것은 아니고 자금관리를 어떻게 하느냐에 따라 달라지는 것"이라며 "대형은행들이 해결하지 못하는 역할을 지방은행이 맡아 균형성장을 해가는 것이 옳다"는 주장을 피력했다.

■ **지역민과 상생하는 구조 만들어야**

채지윤 금융경제연구소 연구원은 지방은행이 지역경제와 함께 상생해 나갈 수 있는 기틀을 만들 수 있는 정책적인 대안을 마련해야 한다는 절충안을 제시했다.

미국의 경우 지난 1977년부터 지역재투자법(CRA ; Commodity Reinvestment Act)을 도입해 금융기관으로 하여금 지역경제에서 금융에 접근하기 어려운 저소득계층 및 지역 소규모 사업자 등에 지원하게 한 바 있다.

금융기관이 해당 지역의 주택담보대출 및 소규모 사업자 지원을 통해 일자리를 창출하고 영세농민을 지원하게 유도해 지역 예금 수취기관이 지역개발에 직접 참여하도록 유도하는 법률이다.

네덜란드의 라보은행(Rabo Bank)도 지역금융의 좋은 사례로 꼽힌다. 라보은행은 농산물 가격 폭락으로 농민들이 어려움을 겪던 19세기 중반, 지역민들에 대한 협동조합은행의 필요성이 대두되면서 역사를 시작했다. 1950년대부터 농촌 지역 중소기업에 조합원 자격을 부여하고, 이들에게 저축 및 대출 서비스를 제공하는 방식을 도입한 것은 라보은행 역사의 큰 획이다. 이후 라보은행은 조합원이 아닌 개인 고객들에게도 저축 계좌를 제공해서 일반 상업은행들과 경쟁을 벌였고, 결국 소매금융 부문에서 네덜란드 금융계의 강자로 부상하게 되었다. 현재 네덜란드 국민의 절반이 라보은행의 조합원이고, 자산규모는 세계 20위권에 올라있다.

이에 대해 채지윤 연구원은 "저소득층과 중소기업 대출을 주업으로 하는 은행과 일반 시중은행의 당기순이익률이 사실상 큰 차이를 보이지는 않는다"면서 "지역개발은행은 비단 수익성뿐 아니라 중장기적 측면에서 지역 경제에 더 큰 성과를 도모

했음을 알 수 있다"고 주장했다. 아울러 "우리나라의 지방은행들은 그 지역에 대해 누구보다 잘 알고 있기 때문에 이 같은 역할을 수행하기 적합하다"면서 지방은행이 토착화를 지속한다면 시중은행의 논리로는 접근할 수 없는 새로운 금융 패러다임이 만들어질 수 있다는 입장을 밝혔다.

출처: 조세일보 (2014.01.10).

2. 일본의 기업경영

1) 일본기업은 무엇이 다른가

종신고용을 비롯한 일본기업의 특징 몇 가지를 종합해서 일본적 경영으로 부르는 경향이 있다. 그러나 사실 이렇게 불리는 일본적 경영의 분명한 정의가 있는 것은 아니다. 그런 의미에서 그동안 일본에서 출판된 다양한 문헌에서 공통적으로 일본적 경영의 구성요소로 지적한 것을 살펴보기로 하자.

일반적으로 일본적 경영의 특징으로 열거하는 요소를 간단하게 정리하면, 첫째 종신고용과 연공임금제와 같은 기업 내부조직, 둘째 기업 내부에서 승진한 경영자와 은행이 중심이 되어 이루어지는 기업 통치구조(기업의 효율적 운영을 담보하는 감시와 규율 구조), 셋째 계열을 통한 기업 간 장기거래 관계구축이다.

먼저 종신고용과 연공임금제는 장기간 고용을 보장하고 외부로부터의 중도채용을 제한하는 한편 연령, 근무연수, 실적에 근거한 승진

시스템을 통해 내부 종업원에게 기업 고유의 노하우와 기술을 축적하는 인센티브를 부여하여 조직 내 협력을 높이는 효과가 있는 것으로 간주되었다. 이러한 내부조직을 구축하게 되면 조직 내부의 여러 부서와 계층 간에 정보공유가 활발해지고 조직 계층에 의존하지 않는 수평적 의사결정이 이루진다고 본다. 이것은 이른바 아래에서 위로의 버텀업(Button up)방식에 의한 의사결정으로 불리는 일본기업의 특징과도 일맥상통한다. 현장 종업원에게 부여된 높은 수준의 의사결정 권한으로 상황에 맞는 유연한 대응이 가능해지는 측면이 강조되기도 한다.

둘째 기업통치에 대해서는 많은 문헌이 일본의 경우 기업의 주된 이해관계자는 종업원이라고 생각한다고 지적한다. 그래서 일본의 많은 기업들은 내부 승진자 출신의 임원 비율이 높은 반면 사외임원 비율은 낮게 나타난다. 일본에서는 주식상호보유 관행이 있어, 주거래은행이 주된 채권자인 동시에 주주이기 때문에 주거래은행도 일정부분 기업을 감시하는 기능을 수행해 왔다고 볼 수 있다. 내부 인력으로 구성되는 임원회의와 그 결과로 발생하는 경영 집행과 감독의 미분리는 종업원에게는 이익을 가져다주지만 주주에게는 이익이 발생하지 않는 투자 프로젝트를 선택할 가능성을 초래할 수 있다. 그러나 채무 압력 또는 주거래은행의 존재가 이러한 모럴헤저드를 억제하는 효과를 가져온다고 보는 것이다.

마지막으로 기업 간 거래 특징에 대해서는, 대기업의 자회사 혹은 협력회사에 대한 과다한 영향력 행사가 지적되어 왔지만, 일본의 완성품업체와 부품업체 간의 협업관계가 일본기업의 경쟁력을 높인다는 평가도 받아왔다. 한편으로는 이른바 과거 재벌계 금융기관을 중심으로 한 '계열'의 존재와 그 평가에 대해서는 원래부터 실체가 없었던 것이 아니냐는 부정적인 견해도 존재한다.

2) 일본적 경영은 어떻게 만들어졌는가

이상에서 살펴본 일본적 경영을 구성하는 여러 요소가 어떻게 형성되었는가에 대해서도 다양한 논의가 있다. 종신고용이나 연공임금제와 같은 기업 내부조직의 특징에 대해서는 19세기 말부터 20세기 초에 걸친 산업발전 과정에서 만들어졌다고 보는 견해가 지배적이다. 이 시기에 섬유산업을 비롯한 제조업 분야에서 노동력 부족 현상이 나타나자 기업은 이를 보충하기 위해 감수해야 했던 높은 채용비용을 고민하게 되었고, 그 결과 기업 측이 종업원의 정착을 도모하기 위해 종신고용 등을 채택하게 되었다는 것이다.

구미 여러 나라보다 늦게 산업화를 시작한 일본은 서둘러 새로운 기술을 따라잡아야 하는 상황이었다. 그래서 기업은 자체적으로 기능인을 육성해야 했으며, 이것이 종신고용과 연공임금제 정착의 배경이 되었다고 보는 견해도 있다. 이러한 일본기업의 주요 특징은 제2차 세계대전 중에 추진된 통제경제하의 각종 제도에 이미 존재했었고, 인플레이션에 의한 실질임금 하락을 이유로 발생했던 노동쟁의의 확대를 억제하기 위해 노사협조 체제가 만들어진 것에서 그 기원을 찾는 견해도 있다.

종업원 출신 경영자와 은행이 중심이 되어 이루어지는 기업통치와 관련한 특징에 대해서는 제2차 세계대전 이후에 추진된 고도의 경제력 집중을 배제하기 위한 조치가 영향을 주었을 것으로 보는 견해가 지배적이다. 당시 추진된 집중력 배제로 기존 경영진이 퇴진했고, 과거 재벌 등의 지주회사가 소유하고 있었던 주식이 몰수되었다. 이로 인해 종업원에게 우선적으로 주식을 구입할 수 있는 기회를 부여하는 조치가 마련되면서 주식의 개인소유 비율이 높아졌다. 이로써 기업의 경영과 소유가 일체화되어 있던 과거 재벌기업 형태에서 벗어나 경영과 소유가 분리되면서 내부 승진으로 경영진에 합류하는 종업원의 비율이 증가했다.

그러나 그 이후 주가폭락 등으로 자본시장에서의 자금조달이 어려워지자 기업은 은행으로부터의 자금조달을 늘리게 되었다. 그리고 적대적인 기업매수를 방지하는 관점에서 은행에 대해 우호적인 안정 주주로써 주식을 보유해줄 것을 기업 측이 요청했다는 지적도 있다. 또한 1960년대 중반 이후 국제적인 자본거래가 본격화되면서 기업매수 방지가 중요해지자 기업과 은행의 주식상호보유 비율이 높아지기 시작했다는 견해도 있다.

그러나 이른바 '계열'에 대해서는 제2차 세계대전 이후 옛 재벌계 은행을 중심으로 주로 은행융자를 통해 산업계의 거대기업과 자본통합을 추진했으며, 이를 보완하는 형태로 주식상호보유 관계를 강화한 기업그룹이 형성되었다고 보는 견해가 있으나, 그 실태에 대해서는 의문을 제기하는 경우도 있다.

3) 일본기업, 무엇이 변하고 있는가

일본적 경영의 주요 특징으로 꼽을 수 있는 주거래은행의 융자를 통한 부채경영은 이미 큰 변화가 나타나고 있다. 일본기업의 부채비율은 1990년대 후반부터 크게 감소하기 시작해 거의 미국이나 EU의 기업과 비슷한 수준에 도달하였다. 그러나 보다 장기적인 관점에서 보면 기업의 은행 이탈 현상은 최근에 나타난 것이 아니라 1970년대 후반을 절정으로 부채비율이 감소하는 추세였다. 이러한 기업의 은행 이탈뿐 아니라 1980년대 버블형성 시기에 대출채권 상당부분이 나중에 불량채권이 되었던 것을 생각해보면, 은행의 감시기능이 일반적으로 지적되었던 정도의 기능을 발휘하지 못했다는 견해도 있다. 어쨌든 기업경영에 대한 주거래은행의 관여 정도는 분명 줄어들고 있는 것이 사실이다.

일본적 경영의 대표적인 요소로 주목받는 종신고용과 연공임금제와 같은 고용시스템에도 커다란 변화가 일어나고 있다. 연공임금제는 원래 종신고용제도를 유지하기 위한 인센티브시스템으로 채택된 것으로, 젊을 때 생산성에 비해 낮은 임금을 받는 대신 근속연수가 늘어나면서 점차 임금이 높아지는 것이 일반적이다. 이러한 연공임금제는 기업이 높은 성장을 지속하면서 신규채용을 늘리는 상황에서 적용할 수 있는 제도이다. 1990년대 이후 경기침체로 기업의 신규채용이 줄어들어 종업원 구성이 고령자 중심으로 바뀌면서 기업의 인건비부담이 한층 더 커지게 되었다. 따라서 기업은 정기승급 폐지와 성과주의 임금을 도입하는 등 고용시스템의 변화를 추진하고 있다.

이미 지난 2004년 시점에서 일본 내각부(内閣府)가 1천여 개 기업을 대상으로 조사한 결과에 따르면 성과주의 임금을 채택하고 있는 기업 비율이 83%로 나타났으며, 도입을 검토하고 있는 기업도 13%에 달했다. 어떤 기업이 성과주의 임금을 채택하고 있는가에 대해서는 ① 중

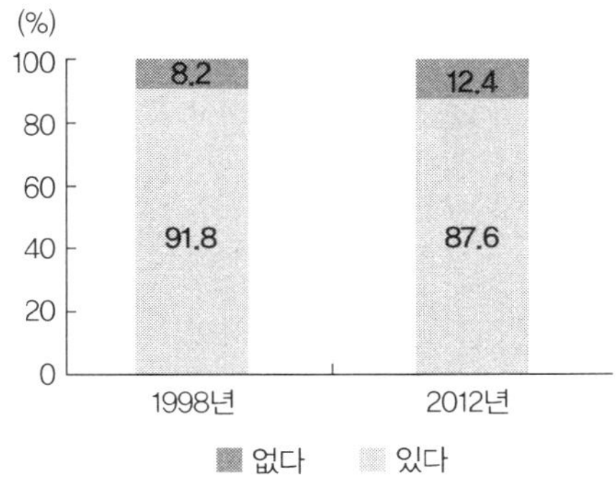

그림 2-2 주거래은행(메인뱅크)의 유무

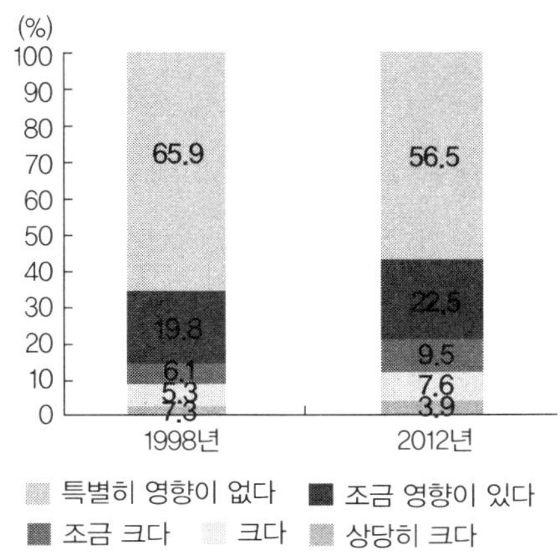

그림 2-3 주거래은행이 기업경영에 미치는 영향

출처: 経済産業研究所 (2012). 日本企業の構造変化:経営戦略・内部組織・企業行動, (RIETI Discussion Paper Series 12-J-017에서 작성

도채용이 많은 기업일수록, ② 기업특화형 기능보다 전문성이 높은 기능을 중시하는 기업일수록 채택 확률이 높게 나타났고, ③ 기업실적과 성과주의 채택과도 깊은 관계가 있는 것으로 나타났다.

종신고용 역시 변화하고 있지만, 정사원에 관해서는 장기고용을 그대로 유지하는 일본기업이 많은 것으로 보인다. 후생노동성(厚生労働省)이 조사하여 발표한 임금구조기본통계조사에 따르면 단기간노동자를 제외한 일반사원의 평균 근속연수는 2012년에 12.7년으로 나타나 1990년의 10.9년보다 길어졌다. 10년 이상 근속자의 비율도 47%로 나타났다. 일본의 평균 근속연수는 미국의 6.6년(1997년), 영국의 8년(2002년)보다 월등히 길뿐 아니라 비교적 장기고용이 많다고 알려져 있는 EU 14개 국가 평균의 10.6년(2002년)보다도 길다. 10년 이상 근속자의 비율도 미국의 26.2%(2002년), 영국의 32.1%(2002년)와 비교하여 높으며, EU 14개 국가 평균의 41.5%(2002년)보다 높다. 최근 증가하고 있는 시간제근무자로 인해 전체 종업원 평균으로 보면 근속연수가 낮아지고 있을 가능성이 있지만 장기고용의 기업관행은 그대로 유지되고 있는 것으로 보인다. 특히 경영이 악화되었을 때 실시하기 어려운 사항이 무엇인가라는 질문에 대해 '종업원 해고'라고 대답한 비율이 59.3%로 가장 높게 나타나고 있는 점도 일본기업의 장기고용 관행이 여전히 유지되고 있음을 간접적으로 알 수 있는 지표이다.

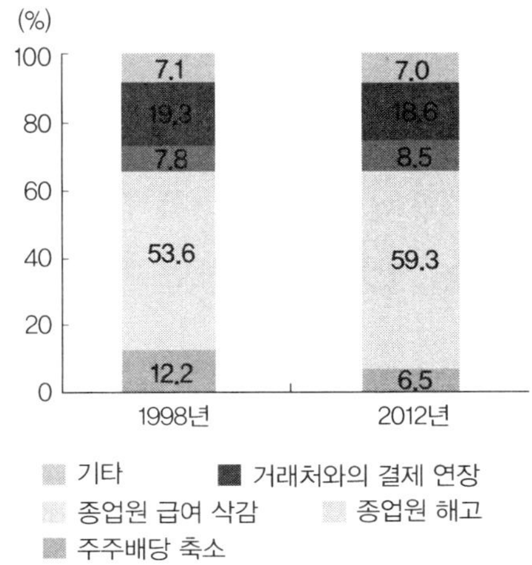

그림 2-4 경영이 악화되었을 때 실시하기 어려운 사항

출처: 経済産業研究所 (2012). 日本企業の構造変化:経営戦略 · 内部組織 · 企業行動. RIETI Discussion Paper Series 12-J-017에서 작성

결론적으로 일본의 기업경영에서 나타나는 주요 특징 중에는 시대의 흐름과 함께 서서히 변화하고 있는 요소도 있지만 여전히 안정적인 움직임을 보이는 요소도 적지 않다. 경영의 시간적 관점이 길다는 점, 기업의 이해관계자로서 종업원과 거래처 그리고 고객의 역할이 상당히 크다는 점, 기업경영이 악화되었을 때도 고용조정이 어렵다는 점, 기업이 종업원에 대해 기업실적 향상과 연관된 다양한 인센티브시스템을 채택하고 있다는 점 등은 법제도와 경영 환경 변화에도 불구하고 유지되고 있는 일본적 경영의 특징이라고 할 수 있다.

일본적 경영을 설명하는 요소와 깊은 관련이 있는 것은 아니지만, 일본기업은 실적 지표로서 매출보다 이익을 중시하는 경향이 점차 강해지고 있는 것으로 나타난다. 또한 이익처분, 새로운 분야 진출, 채산성이 악화된 사업에서의 철수, 경영자 교체 등과 같은 경영상의 중요한 의사결정에 있어서 주주의 영향력이 확대되는 경향이 나타나고 있으며, 채권자와 노동자의 영향력은 점차 줄어들고 있다. 또한 M&A와 채산악화 사업 매각 등과 같은 대담한 사업 재편이 활발하게 진행되고 있다.

4) 일본에는 왜 장수기업이 많은가

일본기업의 특징으로 널리 알려진 것 중에서 장수하는 기업이 많다는 점을 빼놓을 수 없다. 일본은 세계에서 가장 많은 장수기업을 보유하고 있는 나라다. 창업으로부터 100년이 지난 기업이 5만 개에 이르고, 200년 이상인 기업도 3천 개가 넘는다. 참고로 우리나라는 창업 후 200년 이상 된 기업은 없으며, 100년 이상 된 기업도 단 2 곳(두산〈1896년〉, 동화약품공업〈1897년〉)뿐이다. 그렇다면 왜 일본에는 장수기업이 많은 것일까?

장수기업에 알맞는 일본어를 찾는다면 아마 '시니세(老舗)'가 적합할 것 같다. 일본의 대표적인 출판사 이와나미(岩波)가 출간한 사전에 시니세는 ① 선조 대대로 지속적으로 번영하여 유명해진 점포, ② 옛부터 오랫동안 이어져 신용이 있는 점포라고 설명되어 있다. 즉 장수기업이 되기 위해서는 '지속과 신용'이 중요하다는 것을 알 수 있다.

여기에서 말하는 '지속'은 기업의 생명이 아니라 업종 내지는 업태를 가리키는 것이라고 생각한다. 창업 이래의 고유기술과 노하우를 축적하고 고수하는 등 본업을 중시하는 것이다. 실제 일본의 장수기업에 관한 설문조사에서도 장기적 존속이 가능했던 요인으로 '본업을 중심으로 한 경영 및 품질 유지'를 가장 많이 꼽은 것으로 나타났다.

표 2-1 장기적 존속을 가능하게 한 요인(복수응답)

본업을 중심으로 한 경영 및 품질 유지	고객의 수요에 대응한 제품 및 기술개발	종업원 육성
76%	64%	57%

출처: 이태희 (2008). 일본기업의 장수요인 및 시사점. 한국은행조사국.
원출처: 横澤利昌 (2000). 老舗企業の研究. 生産性出版.

'신용'에 있어서는 반드시 일본 장수기업만의 특징이라고는 할 수 없지만, 상대적으로 그런 성향이 오랫동안 지속되었다는 점에서 중요하다고 판단된다. 신용은 바꿔 말하면 상대의 입장을 배려하는 마음에서 비롯되는 측면이 강하다. 따라서 일본이 전통적으로 중시하는 배려문화와 신용을 중요하게 여겨온 일본의 장수기업은 서로 무관한 것으로 보기 어렵다.

일본의 장수기업들은 영업상 가장 중요하게 생각하는 요소로 단연 '거래처와 고객의 신뢰'를 꼽는다. '상품과 서비스에 대한 신뢰' 혹은 '종업원 간의 신뢰'도 중요하게 생각하지만 '거래처와 고객과의 신뢰'에는 미치지 못한다. 결국 혼자 살아남는 것이 아니라 주위와의 두터운 신뢰를 바탕으로 함께 공존하는 것이 기업의 영속성을 보장하는 것이라는 것을 알 수 있다.

표 2-2 일본 장수기업이 영업상 중요하게 여기는 요소(복수응답)

거래처 및 고객의 신뢰	상품 및 서비스에 대한 신뢰	기술력	종업원 간의 신뢰	사회공헌
92.2%	82.2%	69.6%	53.1%	26.5%

출처: 한국은행 조사국 (2008). 일본기업의 장수요인 및 시사점.
원출처: 実践経営学会 (2003). 100年長寿企業アンケート.

일본 기업 폐쇄성 보여주는 세이부그룹의 표 대결 … 외국인 대주주 '참견하지 마'

6월 25일 오후 3시, 도쿄의 북쪽 위성도시인 사이타마현 도코로자와시의 한 빌딩. 일본 명문 프로야구 구단으로 잘 알려진 세이부라이온스를 소유한 것은 물론 도쿄를 중심으로 북서지역 수도권의 철도망을 장악하고 있는 '세이부그룹'의 본사가 위치해 있다.

이날 세이부그룹 지주회사인 세이부홀딩스의 주주총회가 열렸다. 아침부터 주주들이 몰려들어 넓은 강당을 꽉 채우더니 주총이 5시간이나 진행됐다. 이 회사의 최대주주이자 미국 투자펀드인 서버러스(Cerberus) 캐피털 매니지먼트가 현 경영진과 표 대결을 벌였기 때문이다.

세이부그룹은 철도, 호텔, 유원지, 프로야구단, 버스회사 등을 운영하는 일본의 대표적인 여행 · 레저그룹이다. 하지만 2004년 일본 재계를 떠들썩하게 만들었던 유가증권보고서 허위기재 사건으로 상장 폐지되며 추락의 길을 걸었는데 당시 세이부그룹의 구세주로 나선 곳이 서버러스펀드다. 1,200억 엔을 투자해 회사를 살려놓고 펀드는 의결권 32.42%를 가진 최대주주의 위치에 올랐다.

그러나 투자 당시 지주회사를 발족시키고 재상장을 추진하겠다는 약속은 일본인 경영진에 의해 번번이 외면당했다. 참다못한 서버러스 측은 표 대결을 통해 기업을 개편하고 재상장시켜 투자 이익을 회수하는 길을 택했다. 그 첫 번째 조치가 지난

3월 이후 진행한 공개매수(TOB)다. 현재 보유한 지분에서 4%를 추가로 사들이면 인수합병이나 사업 양도 등 주주총회의 특별 결의를 거부할 수 있다. 4% 매입이 그리 어렵지는 않을 것으로 예상됐다.

하지만 세이부홀딩스의 조직적인 방해 작전에 부닥쳤다. 세이부홀딩스의 개인 주주들은 대부분 세이부라이온스 열성 팬이거나 지역사회 주민들이다. 야구장과 전철을 활용한 홍보 작전이 주효했다. 일본 최대 철도회사인 JR동일본이 지원한다는 얘기도 흘러나왔다. 다른 대주주들인 일본 금융기관들도 기존 경영진 편에 섰다. 결국 서버러스의 공개매수는 지분율이 종전보다 3.06%포인트 오른 35.48%로 상승하는 데 그쳤다.

서버러스는 포기하지 않고 주주총회에서 자신들이 생각하는 개혁안을 내놓은 후 개인 주주들의 동의를 끌어내기로 했다. 종전 세이부홀딩스 이사회는 경영진 측 7명, 서버러스 측 2명으로 구성됐다. 서버러스는 이 중 8명의 이사와 2명의 감사를 전면 교체하는 주주 제안을 내놓고 주총에서 표 대결에 나섰다. 경영 투명성을 높이고 이사회를 장악해 기업 가치를 높이기 위한 작업에 착수하겠다는 명분이었지만 이 날 서버러스 제안은 모두 부결됐다.

세이부홀딩스의 다른 주주들은 거래관계에 있는 민간은행, 국책은행 등 거대 금융기관과 개인 대주주인 NW코포레이션, 그리고 사이타마 지역사회의 개인 주주들로 구성돼 있다. 비록 최대주주이기는 하지만 미국계 자본이 회사를 쥐고 흔들면서 가져오는 대대적인 변화를 이들이 받아들일 수 없었다는 분석이다.

주총이 끝난 후 "현 경영진은 한 손으로는 악수를 하면서 한 손으로는 주먹을 쥐고 있다."며 아쉬움과 불만을 토로한 서버러스 측은 일본 기업의 두꺼운 벽을 절감하는 것으로 만족해야 했다.

정부 · 금융계 · 재계 똘똘 뭉쳐 / '주식회사 니뽄(일본)' 아성 구축

세이부그룹뿐 아니다. 올 주총 시즌 일본 기업 곳곳에서 해외 펀드와 기존 경영진 간 갈등이 벌어지고 있다.

20년 전만 해도 일본 상장회사의 주주는 은행, 다른 일반법인 등 안정주주가 70% 이상을 차지했다.

하지만 버블 붕괴 이후 지분 상호 보유가 금지되는 등 주주에 대한 규제가 강화되면서 안정주주의 지분이 크게 하락했다. 그 자리를 외국인과 일본 내 투자신탁, 연금 등 수익을 창출해야 하는 투자자들이 차지하기 시작했다.

정부, 금융계, 재계가 똘똘 뭉쳐 아성을 구축해온 '주식회사 니뽄'에 이들이 과연 변화를 가져올 수 있을 것인가. 일본 경제 회생을 지켜보는 하나의 관전 포인트가 될 것이다.

출처: 매경이코노미 제1714호 (2013.07.03~2013.07.09).

CHAPTER 03

환율

CHAPTER

03 환율

1. 환율의 이해

1) 두 얼굴을 가진 환율

환율에는 두 개의 얼굴이 있다. 물건의 가격을 나타내는 얼굴과 돈(자산)의 가격을 나타내는 얼굴이다.

먼저 물건의 가격을 나타내는 얼굴에 대해 알아보자. 우리나라는 외국으로부터 많은 제품을 수입하기도 하지만 그만큼 많은 제품을 수출하고 있기도 한다. 이러한 각종 제품이 국경을 넘을 때 환율에 의해 그 가격이 환산된다. 가령 1달러의 제품을 1달러=1,000원으로 수입하면 우리나라에서의 가치는 1,000원이 된다. 같은 방식으로 1,000만 원의 자동차를 수출하면 그 달러 가치는 1만 달러가 된다.

이렇듯 환율은 다른 통화단위로 표시된 제품의 가격을 환산하는 데 사용된다. 당연히 환율이 움직이면 이 가격도 변한다. 환율이 하락할수록(원화의 가치가 상승할수록) 외국 제품의 가격은 싸지고, 환율이 상승할수록(원화의 가치가 하락할수록) 비싸진다.

물건의 가격을 나타내는 환율이 변하면 그로 인해 무역과 생산 활동에 큰 영향이 생긴다. 환율이 하락하면 우리나라는 수출이 힘들어지고 반대로 외국으로부터의 수입은 늘어날 것이다. 그리고 수출에 크게 의존하고 있는 기업은 실적이 나빠지겠지만 수입을 많이 하는 기업은 경영상태가 좋아질 가능성이 높다.

다음으로 돈(자산)의 가격을 나타내는 환율의 얼굴에 대해 알아보자. 여기서 돈이라고 하는 것은 주식, 채권, 예금, 수표, 현금, 부동산과 같은 자산을 의미한다. 같은 자산이라도 원화도 있고 달러 혹은 엔화 등 다양한 화폐가 존재한다. 국경을 넘어 자산 거래가 이루어지면 환율변동은 이러한 자산의 수익성에 영향을 주게 된다.

어떻게 영향을 주게 되는지 미국 주식을 구입한 한국 기업의 사례를 통해 좀 더 구체적으로 알아보자. 주식을 갖고 있을 때 일반적으로 주가가 오르면 이른바 캐피털 게인(Capital Gain, 자산가치 상승에 의한 이익)이 발생하게 된다. 달러 표시의 미국 기업의 주식을 갖고 있는 한국 기업은 환율이 변하면 캐피털 게인을 얻을 수 있다. 달러 가치가 상승하는 쪽으로 환율이 움직이면 주식을 매각해서 얻을 수 있는 자금의 원화 가치가 높아지기 때문이다. 실제 국경을 넘는 국제적인 투자의 경우에는 환율변동이 수익의 중요한 결정요인이 된다.

2) 환율이 움직이는 이유

세계 무역량의 몇십 배에 달하는 돈이 외환시장에서 거래되고 있는 것이 현실이다. 실제 환율의 움직임을 살펴보면 국제무역과 같은 실제

수요와는 전혀 관계가 없는 곳에서 환율이 결정되는 것을 알 수 있다. 중앙은행 총재의 말 한마디와 지구촌 곳곳에서 일어나는 작은 사건으로 환율이 요동치는 경우가 종종 발생한다. 이것은 시기각각 변하는 환율이 이러한 사건과 발언에 의해 변하는 사람들의 생각을 민감하게 반영하고 있다는 것을 나타내는 것이다.

하루 종일 쉼 없이 움직이는 외환시장에서 활동하는 것은 은행을 비롯한 금융기관이 대부분이다. 일반적으로 금융기관이 외환시장에서 달러를 구입하는 것은 다음과 같은 수요가 발생할 때이다. 첫째 국내 기업이 외국기업으로부터 물건을 구입할 때, 둘째 국내 투자가가 외국의 주식이나 채권을 사고자 할 때, 셋째 국내 소비자가 해외여행이나 유학자금을 송금하고자 할 때 등이다. 반대로 외국 투자가들이 우리나라의 주식이나 채권에 투자하기 위해 교환한 달러와 우리나라 기업이 수출하고 받은 달러는 금융기관이 외환시장에서 팔기도 한다.

이처럼 달러가 필요한 금융기관의 외환 수요와 달러를 팔고자 하는 금융기관의 외환 공급이 균형을 이루는 지점에서 이른바 시장환율이 정해진다. 외환시장에 참여하는 여러 금융기관은 국내 수요를 제공하는 고객을 대신해서 외환거래를 할뿐 아니라 주식을 사고 팔아 매매차익을 얻듯이 외환 자체의 매매를 목적으로 거래에 참여하는 경우도 많다.

이처럼 환율을 결정짓는 외환거래가 점차 증가하는 이유로 다음 두 가지 요인을 생각해 볼 수 있다. 첫째는 경제의 국제화를 들 수 있다. 대외무역, 해외직접투자, 자금의 국제 이동 등 국경을 넘는 경제활동이 날로 중요해지고 있기 때문이다. 뿐만 아니라 사람들도 국내에만 자산을 두는 것이 아니라 적극적으로 해외 투자를 한다. 또한 자금을 조달해야 하는 기업도 유로시장 등과 같은 국제시장을 적극적으로 이용하고 있다. 따라서 거액의 돈이 국제적으로 이동하게 되는 것이다.

둘째는 이러한 경제의 국제화와 더불어 각국 정부가 국제자금 이동에 관해 규제를 완화하고 있는 점이 작용하는 것이라고 볼 수 있다. 금융규제가 완화된 지역으로는 전 세계의 자금이 몰리고 금융산업이 크게 성장할 가능성이 매우 높아진다. 반면 과거의 엄격한 규제를 그대로 유지하고 있는 시장은 국제적인 흐름에 뒤처지게 된다. 그래서 우리나라를 비롯한 많은 나라가 금융거래 자유화를 적극적으로 시행하고 있으며, 결국 이것이 원동력이 되어 국제금융거래가 확대되고 있다고 할 수 있다.

영국의 경제학자 케인즈는 환율의 결정을 '미인투표'라는 게임을 통해 설명하고 있다. 지금 단상에 몇 명의 미인이 이름표를 붙이고 서 있다. 게임 참가자는 이들 여성 중에서 가장 미인이라고 생각하는 사람에게 기명 투표를 한다. 그리고 가장 많은 표를 얻는 사람이 최고의 미인으로 선정된다. 그런데 이 게임의 승자는 그 여성이 아니라 표를 가장 많이 획득한 여성에게 투표한 사람들이다. 거액의 자금이 이 여성에게 투표한 사람에게 지불된다.

이 게임에서 이기려면 누구에게 투표해야 할까? 자신이 미인이라고 생각하는 사람에게 투표해서는 안 된다. 모두가 미인이라고 생각할 것 같은 사람에게 투표해야 한다. 만약 다른 사람도 자신과 같은 방식으로 투표한다면, 한 번 더 신중하게 생각해서 모두가 다른 사람이 누구에게 투표할 것인가에 대해 어떻게 생각하고 있는지를 예상하면서 투표를 해야 할 것이다. 즉 그 장소에 있는 모두의 생각을 정확하게 읽지 못하면 미인투표에서 이기는 것은 불가능하다.

정말 진지하게 이러한 '미인투표'를 하고 있는 곳이 바로 외환시장이다. 많은 시장참여자가 환율이 하락된다고 원화를 사면 정말 환율은 하락해 버린다. 환율의 움직임은 이처럼 시장 참여자가 어떻게 판단하는가에 따라 정해지는 것이다. 그렇기 때문에 환율 동향을 파악하기 위해서는 시장의 다른 참여자가 어떻게 생각하고 있는가를 먼저 알아야 한다. 이것이 바로 앞서 설명한 '미인투표'와 같은 원리이다. 그리고 이 미인투표에서 이기면 커다란 이익을 얻게 되고 반대로 졌을 때는 거액의 손실을 피하기 어려워진다.

3) 환율과 기업행동의 관계

안타깝게도 우리나라 돈(원화)은 세계적으로 통용되는 국제통화가 아니다. 현재 국제적으로 자유롭게 결제수단으로 이용할 수 있는 통화는 달러, 유로, 파운드, 캐나다달러, 호주달러 그리고 엔화 정도이다. 그렇기 때문에 우리나라가 100% 외국에서의 수입에 의존하고 있는 원유에 대한 결제는 상대국의 수출업자가 받을 수 있는 돈으로 교환해서 지불해야 한다.

이처럼 돈과 돈을 바꿀 때 적용되는 교환비율을 환율이라고 한다. 그런데 환율은 몇 가지 특성이 있다. 첫째 환율은 매일 크게 변동한다. 둘째 6개월에서 몇 년 단위로 큰 파도를 치고, 그 수준이 경제의 기본적인 조건에서 크게 벗어나는 경우가 있다. 셋째 장기적인 관점에서 보면 한쪽 방향으로 움직이는 경향이 나타난다.

기업은 이러한 세 가지 변화에 적절히 대처해야 한다. 매일 매일 움직이는 환율 위험으로부터 벗어나기 위해 위험요인을 분산시킨다. 이러한 환율변화를 견디면서 한편으로는 자신에게 유리한 형태로 이용하기도 한다. 그리고 환율의 장기적인 동향에 맞춰 자신들의 장기전략을 세우고, 공장입지, 제품전략, 고용계획 등을 수립한다.

최근에는 주요 선진국의 환율변동폭이 점차 커지는 경향이 나타나고 있다. 뿐만 아니라 그러한 변동이 예상하지 못한 방향으로 가는 경우가 많다. 국경을 넘는 자금 거래가 증가하고 있고 기업 활동이 점차 국제화되면서 이러한 환율변동폭의 확대가 나타나고 있는 것으로 보인다. 그 결과 기업은 물론 정부도 환율변화에 대한 적절한 대처가 중요한 과제가 되었다.

4) 불가능한 환율 예측

수익창출을 해야 하는 기업은 환율에 민감할 수밖에 없다. 그래서 앞으로의 환율 움직임에 촉각을 곤두세우고 나름대로 예측을 한다. 그러나 결론부터 말하면 경제학에서 환율을 예측하는 것은 극히 어려운 작업이다. 따라서 확신을 가지고 앞으로의 환율을 정해서 경영을 하는 것은 대단히 위험한 발상이다.

어떤 국제금융론 교과서를 보더라도 '환율을 예상하는 것은 불가능하다'는 것이 정설로 나와 있다. 경제학에서 이러한 생각을 '효율시장가설'이라고 하는데, 실제 환율을 보는 데도 중요하기 때문에 간단하게 설명해 보겠다.

이 정설과는 반대로 만약 지금 일정 수준 이상으로 정밀하게 환율의 움직임을 예상할 수 있다고 가정해 보자. 어느 경제학자가 과거의 환율 움직임을 근거로 몇 개월 후에 달러 가치의 상승을 예상했다. 그러면 이 경제학자(또는 이 경제학자의 지시를 받은 투자가)는 늦기 전에 서둘러 달러를 구입해서 앞으로 발생하게 될 매매차익을 얻으려고 할 것이다. 만약 이러한 예측을 한 사람이 이 경제학자 한 사람뿐이라고 가정했을 때 그의 예상이 맞으면 큰 이익을 얻게 될 것이 틀림없다.

그러나 경제학에서는 만약 그러한 움직임이 있다면 세계 여러 곳에서 다수의 사람들이 그러한 움직임을 감지할 것으로 간주한다. 그렇게 되면 그 사람들이 모두 달러 매입에 나서게 되고, 그 결과 예상했던 몇 개월 이후가 아니라 지금 시점에서 달러의 가치가 상승하게 된다. 만약 지금까지의 환율 움직임을 바탕으로 어느 정도 미래를 예측하는 이론을 만들더라도, 그것을 믿고 사람들이 시장에서 매매를 하면 그 이후 환율은 그 이론을 끼워 넣은 형태가 되고 마는 것이다. 즉 그 이론 자체의 유효성이 없어지는 결과를 초래한다. 그래서 경제학에서는 '시장을 앞질러 가는 것은 불가능하다'고 설명한다. 사람이 자신의 그림자를 아무리 쫓아가도 잡을 수 없는 것과 같은 이치이다. 이러한 사실은 결국 '시세는 시장에게 물어보라'는 진리로 통한다. 결론적으로 수없이 많은 사람이 참여하는 시장에서 모두가 환율의 움직임을 주시하는 상황에서 앞으로의 환율 움직임을 예상한다는 것은 정말 어려운 일이다.

오락가락 환율, 대응 어떻게

하반기 달러화 강세 예상
자녀 학비 송금은 나눠서, 해외 여행땐 현금 사용을

미국의 벤 버냉키 연방준비제도(Fed) 의장의 발언에 따라 환율이 오락가락하고 있다. 지난 5월 말 이후 모두 미국 달러 강세를 말했는데, 어느새 원화가 강세를 보이고 있다. 환율을 예측할 때는 해당국의 절대적인 상황뿐 아니라 우리나라에 대비한 상대적 상황, 해당국의 통화정책, 글로벌 금융위기 정도로 인한 안전자산 매력도까지 점검해야 한다. 그래서 일각에서는 주식 예측보다 더 어려운 것이 환율 예측이라고도 한다. 수출입업체뿐만 아니라 유학생 자녀를 둔 학부모나 해외 여행을 앞둔 사람들에게도 환율은 실로 밀접한 얘기인 만큼 입장별로 대책을 세우는 것이 좋다.

해외에 나가 있는 자녀에게 지금 송금할까 말까

7~9월은 유학생 자녀를 둔 학부모들의 학비 송금 시기다. 대부분 그 총액이 적지 않으므로 분할 환전을 권유한다. 현재 금융전문가들이 하반기 미 달러화 강세를 전망하고 있으므로 원화 절상이 다소 진행된 지금 많은 비중을 환전하는 것을 추천한다. 원 · 달러 환율로 1130원 이하 등 환율의 적정선을 정해놓고 하락 시마다 나눠서 송금 및 외화를 사는 것이 좋은 방법이다. 외화 통장을 개설하고 여러 차례에 나눠 분할 환전을 진행하면 된다.

해외 여행기간, 현금과 카드 중 뭘 써야 할까

해외여행객이라면 현금과 카드 중 무엇을 써야 할지 고민이 될 것이다. 미 달러 강세가 예측되는 현 시점에서는 여행 예산을 세우고 나서 되도록 빨리 달러를 구입하는 게 좋고, 해외에서 물품을 구입하게 된다면 가급적 신용카드보다는 현금으로 구입하는 것이 유리하다.

통상 해외에서 신용카드로 결제하면 물건 구입 시점이 아닌 3~4일 뒤(해외 승인 이후 국제결제 카드사에서 국내 카드사로 결제비용을 청구하는 시점) 환율이 적용되기 때문이다. 환율 상승의 불이익을 볼 수 있는 만큼 환율 상승기에는 현금 사용을 권한다.

출처: 세계일보 (2013.08.08).

2. 일본기업의 환율전략

1) 엔의 가치는 그동안 어떻게 변해왔나

(1) 1973년 변동환율제 채택

엔화는 1949년에 1달러당 360엔으로 고정되어 있었다. 일본이 변동환율제를 도입한 1973년까지 환율이 변하지 않는 고정환율제를 적용했기 때문이다. 환율이 시시각각 움직이는 변동환율제를 일본이 도입하게 된 결정적인 계기는 '닉슨쇼크'였다. 1971년 8월 15일 당시 리처드 닉슨 미국 대통령은 TV에 나와 "미국은 오늘 21세기 최고의 기회를 맞이했다"며 "전쟁 없이 새로운 경제적 부흥을 이룬다는 우리의 이상을 실현했다"고 선언했다. 닉슨이 말했던 미국의 이상이란 바로 달러와 금의 교환을 중단하겠다는 불태환조치였다. 글로벌 기축통화인 달러화의 가치가 안정적일 것이라는 신화가 깨지는 순간이었고 이후 미국은 남의 눈치를 보지 않고 마음대로 달러를 찍어낼 수 있게 됐다. 막대한 자금이 들어갔던 베트남전쟁의 여파로 1960년대 미국은 인플레이션에 시달려야 했고, 그로 인해 달러에 대한 불안감이 고조되었다. 그동안 막강한 경제력을 바탕으로 기축통화 역할을 수행했던 달러에 대한 신임이 무너진 것이다. 결국 이러한 미국 달러에 대한 불안은 닉슨쇼크로 이어졌고 스미소니언 체제에 돌입하게 되었다. 미국 워싱턴 스미소니언박물관에서 열린 10개국 재무장관회의에서 1달러=380엔으로 고정되었으나, 불과 1년 정도밖에 유지되지 못하고 1973년 2월에 일본은 변동환율제로 정책을 바꾸었다.

변동환율제 도입 직후 1달러=260엔대까지 엔고현상이 나타났으나 1973년 오일쇼크로 1달러=300엔 근처까지 되돌아갔고, 1976년 말경까지 한동안 안정된 모습을 보였다. 1977년부터 1978년까지는 엔고가 진행되었는데, 이 시기에 처음으로 1달러=200엔을 돌파하였고 1978년 말경에는 한때 1달러=180엔까지 엔화의 가치가 상승했다. 그 이후 미국 카터 정권하에서 추진되었던 달러방위정책과 이란혁명에 의한 오일쇼크에 대한 우려, 그리고 구소련의 아프가니스탄 침공 등으로 다시 달러가 급등하면서 1980년에는 1달러=250엔까지 엔의 가치가 하락했다. 그로부터 1985년 급격한 엔고현상이 나타나기 이전까지 200엔~250엔 선에서 움직였다.

(2) 1985년 플라자합의에 따른 엔고

1985년은 일본 경제의 방향 전환이 일어났을 정도로 중대한 '플라자합의'가 있었던 해이다. 플라자합의란 그해 9월 22일 미국 뉴욕의 플라자호텔에서 G5 경제선진국 재무장관과 중앙은행 총재들의 모임에서 발표된 환율에 관한 합의를 가리킨다. 당시 미국은 무역수지적자와 재정적자라는 이른바 쌍둥이적자에 시달리던 때였다. 그래서 선진국에 도움을 요청하여 성립한 합의가 바로 플라자합의이다. 이 합의에서는 달러화의 가치를 내리고 엔화의 가치를 높이는 정책이 채택되었다.

합의문이 발표되자마자 달러 대비 엔화 환율은 20엔 정도 급등했으며 1985년 초에 250엔대를 유지했던 환율은 1986년 말에 한때 160엔을 돌파하기도 했다. 그 이후 달러 대비 엔화 환율은 사상 최고치를 계속 갱신해 나갔다. 1987년 2월 더 이상의 달러 약세는 바람직하지 않다는

'루브르합의(프랑스 파리 구루브르왕궁에서 개최된 G7 재무장관회의)'가 채택되었으나 달러 약세는 멈추지 않았고 1달러=120엔대까지 치솟았다. 당시 일본 정부가 엔고불황을 극복할 목적으로 이례적으로 초저금리 정책을 추진하면서 시중에 대량의 자금이 풀리는 현상이 일어났다. 이 자금이 토지와 주식시장으로 몰리면서 버블경기의 기틀이 마련된 것이다. 이 같은 급격한 엔고로 일본의 수출이 어려워질 것으로 예상되었으나, 기업들의 비용절감 노력과 생산거점의 해외 이전 등으로 생각만큼 타격이 크지는 않았다.

(3) 1994년 6월 21일 1달러 = 100엔 돌파

도쿄 주식시장의 주가는 1990년에 폭락했다. 버블경기가 무너지는 순간이었다. 한편 해외투자와 수입이 위축된 반면 수출은 지속적으로 증가하면서 엔고현상이 유지되었다. 이윽고 1994년 사상 처음으로 1달러=100엔을 돌파하는 역사적인 현상이 현실로 나타났다. 1995년 4월 19일 오전 9시경에는 79엔 75전을 기록하면서 1달러=80엔을 돌파하는 기록적인 순간도 있었다.

그로부터 1998년 여름경까지는 엔저현상이 나타났다. 미국과 일본이 서로 합의하여 조정한 결과 한때 1달러=100엔까지 하락했고, 1998년 가을에는 한때 1달러=140엔까지 내려갔다. 일본 국내에서는 버블경기 붕괴 이후 불량채권과 대형 금융기관 파산 등 다양한 문제가 표면 위로 떠올랐다. 이 무렵에 한국을 포함한 아시아 금융위기와 러시아 재정위기 등과 같은 국제적인 금융사건도 일어났다. 잠시 나타났던 엔저현상은 오래가지 못했다. 그로부터 약 10년 동안 등락을 반복하던 달러 대비 엔화 환율은 2007년경부터 급격한 엔고현상으로 나타나기 시작했다.

(4) 다시 찾아온 엔고 시대

2007년 여름 미국에서 서브프라임 모기지론 문제가 불거지자 외환시장이 일제히 달러 매도에 나서면서 8월 하순에는 1달러=112엔을 기록했다. 2008년 3월에는 약 13년 만에 1달러=100엔 밑으로 내려가는 현상이 나타났고 3월 17일에는 95엔을 기록했다. 그 이후 지속적인 엔고현상은 멈추지 않았고 90엔대를 돌파하여 같은 해 12월 18일에는 1달러=87엔까지 상승했다. 2009년 들어서도 90엔대를 유지하다가 미국의 양적완화정책이 장기화되면서 11월 27일에 1달러=84엔 81전을 기록하여, 14년 4개월 만에 80엔 전반대로 들어서게 되었다.

2010년 그리스 금융위기로 유로가 폭락하고 달러도 약세를 보이는 가운데 일본 엔화만이 독보적인 강세를 이어가면서 8월에는 1달러=83엔을 기록했다. 같은 해 9월 15일에는 15년 만에 82엔대 후반까지 상승하자, 엔고 시정을 목적으로 일본 정부와 일본은행이 나서 외환시장에 개입하기 시작했다. 그 결과 한때 85엔 후반까지 하락했으나 그 후 점진적인 상승구도를 꺾지 못한 채 2010년 10월 14일에 15년 반 만에 80엔대 후반의 엔고현상이 일어났다.

2011년 3월 11일, 동일본대지진이 발생하면서 그 여파로 보험회사가 지급준비를 위해 해외자산을 엔으로 환전할 것이라는 관측이 나왔다. 결제를 위한 엔자금 수요가 강해지면서 엔고현상이 나타나, 3월 17일 뉴욕 외환시장에서는 한때 76엔 25전을 기록하며 최고치를 갱신했다. 같은 해 8월 4일에는 약 4개월 만에 재무성과 일본은행이 엔화 매각에 나서면서 외환시장에 개입했고, 일본은행은 추가적인 양적완화를 결정했다. 그러나 신용평가회사가 미국 국채의 장기신용등급을 낮춘다는 소식이 알려지면서 엔고 경향은 지속되었다. 한편 2012년 1월부터 11월 10일까지는 유럽 채무문제 등으로 인해 역사적인 유로 하락 현상이 발생했다.

(5) 아베노믹스와 엔저

아베내각이 출범하여 이른바 아베노믹스를 추진하면서 디플레이션 극복과 함께 양적완화조치를 취하는 금융정책을 발표하자 달러와 유로 대비 엔화는 서서히 하락하기 시작했다. 1월 17일 1달러=90엔대를 기록하면서 2010년 6월 이후 2년 반 만에 엔저현상이 나타났다. 5월 10일에는 뉴욕 외환시장에서 1달러=100엔대를 기록했다.

그림 3-1 엔/달러 환율 변화 추이(1950년~2013년)

출처: 日本銀行

2) 통화 선택으로 본 일본기업의 환율전략

앞서 언급한 대로 일본은 1973년부터 변동환율제를 채택했다. 그때부터 일본기업은 급변하는 환율에 직면하기 시작했다. 불확실성을 끌어안은 채 대외거래를 하게 된 것이다. 이러한 불확실한 환율변화에 대처하기 위해 기업은 다양한 외환관리방법을 찾아야만 했다. 그럼에도 불구하고 수많은 기업이 예상치 못한 환율변동으로 막대한 손해를 보는 사례는 지금도 발생하고 있다. 그렇다면 기업이 환리스크 관리를 하는데도 불구하고 환차손이 발생하는 이유는 무엇일까?

국제적인 무역과 투자를 하는 기업은 거래에 사용할 통화를 선택하는 방법으로 환리스크를 피해왔다. 통화를 선택하는 행동은 가장 초보적이며 보수적인 외환관리 수단이다. 통화 선택이란 환리스크를 피하기 위해 부채와 자산을 한 가지 통화로 통일하는 것을 의미한다. 가령 일본기업이 미국기업을 인수하는 경우를 생각해 보자. 이 경우 일본기업은 환리스크를 피하기 위해 인수에 필요한 자금을 달러로 조달하여 달러부채를 만드는 방법이 있을 수 있다. 이렇듯 환리스크를 회피하기 위해 부채와 자산을 동일한 통화로 하는 것을 매칭(matching)이라고 한다.

기업은 왕성하게 대외무역거래를 하면서 수출대금을 받거나 수입대금을 지불한다. 이러한 국제적인 자금거래는 거래계약으로부터 수개월 이후에 이루어지는 것이 일반적이다. 계약금액을 정하고 실제 대금을 받거나 지불하기까지는 상당한 시간이 소요된다.

일본기업이 달러로 계약을 하고 3개월 후에 대금을 받는다고 생각해 보자. 이 일본기업은 3개월 후에 받는 달러를 엔으로 환전해야 비로소 수입규모를 확정할 수 있다. 그러나 3개월 동안 달러 대비 엔화의 환율이 급격하게 요동칠 가능성을 완전히 배제하기 어렵다. 가령 3개월 후에 엔화 대비 달러 가치가 하락하면 예상했던 엔화 수입금액은 줄어들 수밖에 없다.

이렇듯 외화로 대외무역을 하는 기업이라면 언제든지 이러한 환차손에 의한 손해를 볼 우려가 항상 존재한다. 이러한 상태를 방치하는 것을 일반적으로 기업이 환리스크를 안고 있다고 말한다. 이러한 환리스크를 회피하기 위해서는 수출입 거래 결제를 모두 자국 통화로 하면 된다.

가령 일본 자동차기업이 일본 공장에서 만든 자동차를 미국에 수출하는 경우를 생각해 보자. 이 일본기업이 비용을 계산할 때 사용하는 통화는 당연히 엔화일 것이다. 미국 수출가격을 엔화로 받을 수 있다면 이 기업은 엔화로 수익을 계산할 수 있기 때문에 환리스크를 피할 수 있다. 그러나 현실적으로 이런 경우 엔으로 결제되는 경우는 그다지 많지 않다. 실제 일본이 미국으로 수출하는 경우 엔으로 거래되는 비율은 13%에 불과하다. 전 세계 수출을 보더라도 전체 거래의 35.6%만이 엔화로 거래되고 있다. 뿐만 아니라 일본이 해외로 수출하는 것이 아니라 외국으로부터 수입하는 경우에는 그 비율이 더 낮아진다. 그렇다면 왜 이런 현상이 일어나는 것일까?

표 3-1 일본의 통화별 무역(일본의 수출)거래 비율(2013년 상반기 실적 기준)

세계	통화	미 달러	엔	유로	오스트레일리아 달러	러시아 루블	기타
	비율	53.7	35.6	5.4	1.4	0.6	3.2
미국	통화	미 달러	엔	유로	캐나다 달러	오스트레일리아 달러	기타
	비율	87.0	13.0	0.1	0.0	0.0	0.0
EU	통화	유로	엔	미국 달러	영국 파운드	스웨덴 크로네	기타
	비율	49.1	31.0	15.6	3.9	0.2	0.1
아시아	통화	미 달러	엔	태국 바트	중국 위엔	한국 원	기타
	비율	54.4	42.0	1.1	0.8	0.4	1.3

출처: 日本財務省 발표 자료에서 작성

표 3-2 일본의 통화별 무역(일본의 수입)거래 비율(2013년 상반기 실적 기준)

세계	통화	미 달러	엔	유로	스위스 프랑	태국 바트	기타
	비율	74.5	20.6	3.3	0.3	0.2	1.0
미국	통화	미 달러	엔	유로	영국 파운드	오스트레일리아 달러	기타
	비율	78.2	21.0	0.8	0.0	0.0	0.0
EU	통화	엔	유로	미국 달러	영국 파운드	스위스 프랑	기타
	비율	55.2	30.9	10.7	2.0	0.6	0.8
아시아	통화	미 달러	엔	태국 바트	중국 위엔	유로	기타
	비율	73.1	24.8	0.5	0.5	0.3	0.9

출처: 日本財務省 발표 자료에서 작성

이처럼 국제거래 결제에 미국 달러가 주로 이용되는 것은 오랫동안 국제통화로 쓰이면서 확고한 지위를 확보했기 때문이라는 견해가 지배적이었다. 그러나 지금은 과거와 달리 달러에 대한 절대적인 신임이 흔들리면서 엔화와 마르크 그리고 유로화의 국제적인 위상이 높아지고 있는 상황이다. 일본 입장에서 생각해 보면, 상대 거래기업이 만약 달러가 아닌 엔화 거래를 원한다면 상대기업에게 환리스크를 전가시키면서 일본기업은 환리스크를 회피할 수 있게 된다. 앞으로 엔화의 국제적 지위 상승과 일본기업의 시장지배력 확대가 현실화되면 이런 사례는 더욱 늘어날 것이다.

2008년 이후 원화 · 엔화 환율이 반대로 움직이는 까닭은

최근 원화는 가파르게 절상, 즉 환율이 하락하고 있다. 반면 일본 엔화 가치는 빠르게 떨어져 엔/달러 환율이 상승하고 있다. 환율이 가파르게 움직인다는 것은 무엇인가 경제에 상당한 변화가 있다는 것을 의미함과 동시에, 환율의 빠른 변동 자체가 새로운 변화를 초래하기도 한다. 2008년부터 원화와 엔화 가치는 반대 방향으로 움직이는 경우가 많았다. 예를 들어 미국의 투자은행 리먼브라더스가 파산한 직후 원화는 큰 폭으로 절하된 반면 엔화는 오히려 절상되는 경우가 있었다. 최근에 나타나는 원화 강세와 엔화 약세 역시 두 통화 가치가 정반대로 움직이는 사례이다.

원화와 엔화 가치가 반대로 움직이는 것은 두 통화의 국제적 위상에서 차이가 나기 때문이다. 우리나라의 경제력이 예전보다 많이 커졌다고는 하더라도, 아직 원화는 국제적으로 통용되는 화폐가 아니다. 즉, 우리가 국내로 수입하는 외국산 제품의

원/달러 및 엔/달러 환율 추이

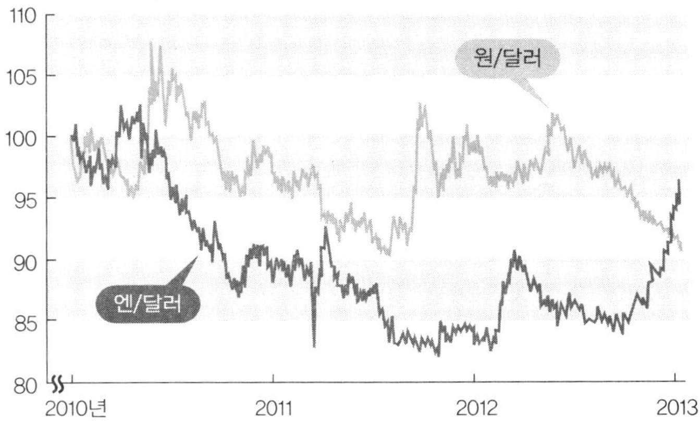

*2009년 말=100 기준, 출처: 한국은행

대금을 결제하기 위해서는 우리 통화인 원화가 아니라 달러나 유로, 엔같이 국제적으로 통용되는 통화가 필요하다. 반면 엔화는 달러, 유로와 함께 기축통화에 속한다. 물론 그 위상이 달러에는 미치지 못한다 할지라도, 적어도 엔화는 외국과의 거래에서 사용할 수 있는 통화라는 이점이 있다.

이러한 위상 차이는 세계 경제가 금융위기를 겪을 때 환율의 방향에 큰 영향을 미치게 된다. 2008년부터 미국과 유럽이 차례로 경제위기에 빠졌는데, 이들 선진국이 경제위기에 빠지게 되면 전 세계 대부분의 금융기관들은 위기 관리에 들어가게 된다. 즉, 기존 대출은 가급적 서둘러 회수하고 새로운 대출은 중단하게 된다. 실제로 2008년과 2009년에 이런 상황이 발생했다. 그 결과 우리나라 금융기관들의 달러 자금 확보가 어려워지면서 원화가 가파르게 절하된 것, 즉 원/달러 환율이 천정부지로 치솟았던 것은 잘 알려진 사실이다. 반면 같은 금융위기가 선진국 중에서는 유일하게 금융위기를 겪지 않고 있던 일본의 통화인 엔화 수요를 부추겼다. 즉, 미국 금융위기와 유럽 재정위기가 맹위를 떨칠 때 달러와 유로를 버리고 엔화를 보유하려는 투자자가 크게 늘었기 때문에 엔화는 절상될 수 있었다.

미국과 유럽의 금융위기가 완전히 해결된 것은 아니다. 하지만 금융위기가 더 악화되지 않고 호전될 조짐을 보인다면 원화 강세와 엔화 약세라는 흐름은 앞으로도 한동안 진행될 것으로 보인다. 특히 엔화는 일본 경제의 침체와 맞물려 약세 폭이 클 것으로 예상된다. 장기적으로 엔/달러 환율은 미국 금융위기가 발생하기 이전 수준인 달러당 100~110엔 수준까지 상승할 가능성이 충분하다.

이 경우 우리 경제에 미치는 영향은 적지 않을 것으로 보인다. 첫째, 일본과 경쟁 관계에 있는 우리나라 수출 기업들이 불리한 위치에 처하게 되는 것은 불가피하다. 둘째, 일본 관광객들의 입국도 줄어들 수밖에 없다. 반면에 일본으로 여행하려는 우리나라 사람들의 부담은 한결 줄어들 것이다. 셋째, 엔화 대출을 받은 기업이나 개인들의 부채 상환 부담은 더욱 줄어들 것이다. 넷째, 국내 물가 안정에는 상당히 긍정적 영향을 줄 것이다. 일본에서 수입하는 제품의 가격이 떨어지기 때문이다.

출처: 한겨레신문 (2013.01.13).

CHAPTER 04

물가

CHAPTER

04 물가

1. 물가의 이해

1) 물가는 가격이 아니다

물가라는 단어를 우리는 너무 편하게 사용하고 있지만, 그 내용을 정확하게 이해하고 있는 사람은 의외로 많지 않을지도 모른다. 물가(物價)는 물건이 지니고 있는 교환가치를 화폐의 단위로 나타낸 가격과는 분명히 다르다. 물가는 각각의 상품과 서비스 가격을 종합적이고 평균적으로 본 것으로, 실제 현실에 존재하는 것은 아니다. 뿐만 아니라 물가의 의미는 다양한 상품과 서비스의 가격을 종합적으로 나타내는 수치이지만, 보다 구체적으로 경제 상태를 파악하는 지수로 물가를 이용하는 경우에는 그 나라에서 1년간 생활하기 위해 필요한 상품, 서비스의 가격을 모두 합한 것이라는 뜻도 된다.

물가의 높고 낮음을 판단할 때 이용되는 것은 물가 변동을 지수로 표현한 '물가지수(price index)'라고 부르는 수치이다. 기준연도의 물가지수를 100으로 설정하고 어떤 시점의 물가지수와 비교하면 물가가 얼마나 변했는지 어렵지 않게 알아낼 수 있다. 가령 올해 물가지수가 110이라면 작년(기준연도)에 비해 평균적인 물가수준이 10% 올랐다는 뜻이다. 이러한 물가지수는 상품별로 중요한 정도에 따라 가중치를 다르게 적용하여 평균하는 방식으로 구하는데, 보통 가중치는 상품의 거래액을 기준으로 한다.

소비자물가지수, 생산자물가지수, 근원물가지수, 수출입물가지수 등 쓰임새에 따라 다양한 물가지수가 있지만, 보통 우리가 가장 많이 접하게 되는 것은 CPI(consumer price index)라고 하는 소비자물가지수일 것이다. 이는 소비자가 생활하는 데 필요한 상품과 서비스의 가격이 얼마나 변했는지를 나타내기 때문이다. 실질적인 가계 생계비를 측정하는 데 가장 중요한 물가지수이다. 그렇다면 일반 소비자가 필요로 하는 상품과 서비스는 어떤 방법을 통해 결정되는 것일까?

우리의 생활양식이 바뀌면서 주로 이용하는 상품과 서비스도 더불어서 변하기 때문에 물가지수에서 측정해야 할 상품과 서비스의 가중치도 변해야 한다. 그래서 일정기간을 주기로 조사대상 품목 수와 가중치를 변경시킨다. 20년 전에는 포함되지 않았던 스마트폰 이용료(이동전화료)가 지금은 높은 가중치로 소비자물가지수를 측정하는 주요 품목이 되었다. 보다 현실적인 물가지수를 구하기 위해 소비 비중이 높은 품목의 가중치를 높게 부여하는 것이다.

2) 물가를 잡아야 하는 이유

물가가 계속해서 오르는 현상을 인플레이션(inflation)이라고 하고 그

반대로 내려가는 경우를 디플레이션(deflation)이라고 한다. 그렇다면 인플레이션이 발생하면 어떤 일들이 일어나게 되는 것일까? 불황으로 쓰러진 정권은 없지만 인플레이션으로 무너진 정권은 많다. 그만큼 인플레이션은 무서운 존재이다. 인플레이션은 경제와 사회는 물론 국민 생활을 크게 왜곡시킨다.

인플레이션이 발생하면 먼저 돈의 가치가 점점 내려가게 된다. 물가가 오르면 구입할 수 있는 상품의 양은 물가가 오르기 전보다 줄어든다. 그만큼 돈의 가치가 떨어진 것을 의미한다. 그리고 반대로 물가가 하락하면 이전에 비해 같은 돈으로 구매할 수 있는 상품의 양이 늘어난다. 즉 돈의 구매력이 증가한 것이다. 따라서 우리는 물가의 변동에 따른 돈의 실질적인 구매력 변화를 측정할 수 있게 되는 것이다. 열 조각이 들어가 있는 식빵 한 봉지 가격이 1주일 사이에 2천 원에서 2만 원이 되었다고 가정해 보자. 지금까지 2천 원으로 열 조각 살 수 있었던 것이 똑같은 2천 원으로 한 조각밖에 살 수 없게 된 것이다. 1주일 사이에 돈의 가치가 10분의 1로 줄어든 것을 의미한다. 이렇게 돈의 가치가 내려가 돈을 안심하고 쓸 수 없게 되면 돈에 대한 신용도 함께 없어진다.

물가가 오른 만큼 임금도 함께 오르면 실질소득은 줄지 않지만, 임금인상률을 높이면 이것 역시 인플레이션의 원인이 된다. 물론 저축도 마찬가지이다. 물가상승률보다 금리가 높으면 은행에 있는 자신의 돈의 가치는 커지겠지만, 반대로 물가상승률 쪽이 높아지면 저축한 돈의 구매력은 줄어들게 된다. 결국 이러한 문제는 미래에 대한 계획을 세우기 어렵게 만든다. 가령 3천만 원 하는 자동차를 구매할 생각으로 매달 조금씩 은행에 적금을 부었는데 정작 살 시점이 되어 자동차 가격이 4천만 원이 되었다면 구매 자체가 어려워지는 것이다. 물건의 가격이 계속해서 오르면 미래의 구매를 위해 지금 계획을 세우는 것이 무의미해진다. 결국 돈을 모아 구매하는 것보다 지금 사는 것이 더 유리하다고 판단하는 사람이 늘어나면 물건의 가격은 더욱 치솟게 된다.

인플레이션은 기업 활동에도 영향을 준다. 상품가격이 오르면 기업은 더 많은 수입을 얻게 된다. 그러나 이런 현상이 오래가지 않는다는데 문제가 있다. 장기적인 관점에서 보면 물가가 계속해서 오르면 소비자의 구매의욕이 떨어져 수요가 감소하기 때문에 언젠가는 판매부진에 빠질 공산이 커진다. 뿐만 아니라 원자재 구입가격도 올라가게 되어 이는 곧 비용 상승으로 이어진다. 따라서 인플레이션은 기업에게도 긍정적인 요인이 될 수 없다.

경기가 좋지 않고 돈의 움직임이 둔화되면 물건이 팔리지 않기 때문에 기업은 매출을 늘리기 위해 제품의 가격을 낮춘다. 조금이라도 싸게 해서 많은 사람들이 구매하도록 유도하기 위해서이다. 소비자의 입장에서 보면 물건 가격이 내려가는 것은 적극적으로 반길 일처럼 보이지만, 정말 그럴까?

물가가 계속해서 내려가면 같은 돈으로 보다 많은 물건을 살 수 있고, 보다 많은 서비스를 받을 수 있기 때문에 당연히 바람직한 현상처럼 느껴진다. 그러나 제품 가격의 하락으로 기업 매출도 줄어들기 때문에 결국은 근로자의 급여도 감소할 수밖에 없다. 줄어든 급여 탓에 소비자는 소비를 줄이게 될 뿐만 아니라 앞으로 가격이 더 내려갈 것으로 예상하고 소비를 더욱 줄이는 사람도 나타난다. 따라서 물가하락

속도가 더욱 빨라져 경기 악화가 심화된다. 지속적인 물가하락은 돈을 빌려 쓰고 있는 사람에게도 절대적으로 불리하다. 가령 자동차 가격이 천만 원에서 5백만 원으로 내려가면 천만 원으로 두 대의 자동차를 살 수 있게 된다. 물가가 내려갈 때는 물건에 비해 돈의 가치가 커지는 것이다. 이처럼 돈의 가치가 커지는 것이 좋아 보이지만, 만약 그 돈이 빌린 것이라면 이야기는 달라진다. 빌린 돈이 같은 천만 원이라도 자동차 1대분이 아니라 2대분의 빚을 갚아야 하기 때문이다. 결국 디플레이션이 발생할 때는 제품 가격이 내려가 이익이 줄고 급여도 감소하기 때문에 빚을 갚기가 더욱 힘들어진다. 은행도 빚을 갚을 능력을 잃은 기업과 개인에게 대출을 꺼리게 되면서 경제활동의 활력이 떨어지게 된다.

3) 좋은 물가상승과 나쁜 물가상승

물가가 상승하는 원인은 총수요와 총공급의 변화에서 찾을 수 있다. 총수요가 계속 늘어나거나 총공급이 줄어들면 물가는 상승한다. 가계, 기업, 정부와 같은 경제주체가 지출을 늘리면 물가상승의 원인인 총수요 증가가 발생한다. 그런데 경제주체의 지출에 영향을 주는 것 중에서도 특히 중요한 것은 시중에 풀려 있는 돈의 양이다. 돈의 양이 증가하면 소비자는 소비를 늘리고 기업은 투자를 늘리기 때문에 수요가 증가한다. 이런 현상이 일어날 때 공급할 수 있는 능력이 한계에 봉착하여 수요가 증가한 만큼 공급이 늘어나지 못한다면 돈이 양이 증가한 것이 그대로 물가상승으로 이어지게 된다. 결국 물가상승의 가장 중요한 원인을 제공하는 것은 통화량의 증가이다. 시중에 돈이 많아지면 시간이 지나면서 그만큼 돈의 가치가 떨어진다. 그래서 각국의 중앙은행은 물가를 안정시키기 위해 통화량을 엄격히 통제하고 관리하는 것이다.

그런데 중요한 것은 같은 물가상승이라도 좋은 것이 있고 나쁜 것이 존재한다는 사실이다. '좋은 물가상승'과 '나쁜 물가상승'에 대한 정확한 정의가 있는 것은 아니지만, 일반적으로 '좋은 물가상승'이란 경기회복에 따른 수요 확대를 반영한 이른바 수요견인(demand-pull) 물가상승을 말한다. 이 경우에는 기업의 매출과 수익이 개선되고 임금도 오른다. 따라서 개인소비도 증가하면서 물가상승과 경기확대가 지속되는 선순환 구도가 만들어진다.

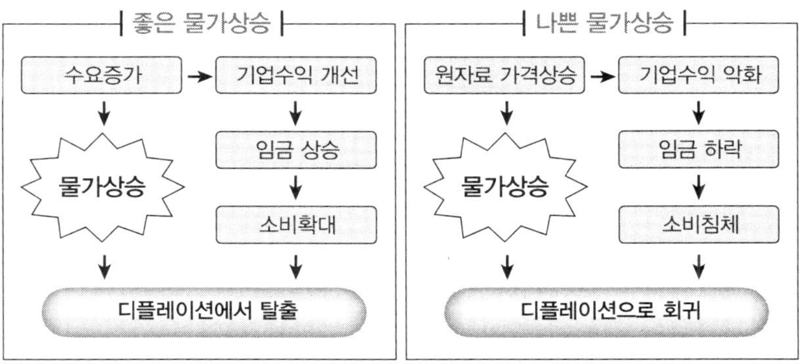

그림 4-1 좋은 물가상승과 나쁜 물가상승

출처: ニッセイ基礎研究所 (2013.07.23), 良い物価上昇と悪い物価上昇. 基礎研レポート.

반면 '나쁜 물가상승'이란 주로 원가상승으로 인해 발생하는 이른바 비용인상(cost-push) 물가상승을 말한다. 기업은 비용인상을 최종제품에 전가시키기 때문에 소비자물가가 오르게 된다. 그러나 수요확대와 함께 진행되는 것이 아니기 때문에 매출과 수익이 증가하지 않고 근로자 임금도 늘어나지 않게 된다. 따라서 개인소비 억제, 경기악화 심화로 이어진다. 한때 물가는 오르지만 수요확대를 동반하지 않기 때문에 결국 디플레이션으로 돌아갈 확률이 높아지는 것이다.

치솟는 물가 … 추석 어쩌지?

긴 장마 탓 과일값 오를 듯 / 채소값 향후 안정세 전망

긴 장마와 무더위로 식탁물가가 요동치면서 추석을 한달여 앞둔 가정주부들의 시름이 깊어지고 있다. 매년 추석을 앞두고 주요 농수산물의 수요가 늘어나는 데다 올해엔 긴 장마까지 겹치면서 부담이 더욱 심화될 가능성이 있기 때문이다.

7일 aT한국농수산식품유통공사에 따르면 대전지역의 오이를 비롯한 배추, 시금치 등 품목의 가격이 여전히 높은 것으로 나타나 소비자들의 우려를 사고 있다. 또 한우나 배 등의 품목 역시 추석을 앞두고 전체적으로 가격이 상승할 것으로 보여 전체적인 추석물가는 지난해에 비해 다소 올라갈 전망이다.

오이 취청 10개의 가격이 최고 1만8,250원에 판매되고 있어 지난해 같은 기간 9,400원보다 2배 가까이 뛰었고 5년간 평균 가격인 6,900원과 비교해도 3배 가까

작년대비 주요 채소값 가격비교

품목	현재가격	작년가격
오이 (취청 10개)	1만 8,250원	9,400원
시금치 (1kg)	8,000원	7,000원
배추 (1포기)	4,000원	3,000원
상추 (적상추 100g)	1,000원	830원

이 올랐다. 배추 1포기 가격 역시 지난해 같은 기간과 비교해 1,000원 오른 4,000원에 거래되고 있으며 시금치는 전통시장 기준 1kg에 8,000원으로 지난해에 비해 1,000원 가량 올랐다. 다만 채소류의 경우 가격이 오르면서 소비부진으로 재고가 쌓여 점차 가격이 안정화되는 추세다.

배추 1포기 가격 역시 지난해 같은 기간과 비교해 1,000원 오른 4,000원에 거래되고 있으며 시금치는 전통시장 기준 1kg에 8,000원으로 지난해에 비해 1,000원 가량 올랐다. 다만 채소류의 경우 가격이 오르면서 소비부진으로 재고가 쌓여 점차 가격이 안정화되는 추세다.

배의 경우 올해 3, 4월 유난히 추운 날이 많아 배의 수확량이 감소할 것으로 예상된다. 지난해 같은 기간에 비해 많게는 10%에서 20%까지 가격이 오를 것으로 보인다. 사과는 장수, 무주, 거창 등 산지의 작황이 괜찮은 편이어서 질 좋은 사과의 출하량이 늘어날 것으로 보인다. 가격 역시 평소보다 10%가량 떨어질 것으로 업계 관계자들은 예상하고 있다.

한우의 경우에는 사육량이 증가하면서 올해 가격이 다소 떨어졌지만 도축량이 줄어들 것으로 보여 가격이 많게는 10%가량 오를 것으로 전망된다.

다만 제사상에 쓰이는 조기의 경우 현재 대전에서 5,200원에 거래되고 있어 지난해 7,900원보다 저렴한 수준을 유지하고 있다.

aT 관계자는 "8월에 태풍이나 폭우 등 다양한 변수가 산재돼 있기 때문에 지금부터 추석물가를 예상하긴 어렵다"며 "8월 말경 전체적인 조사에 들어가 추석물가 상승에 대비할 예정"이라고 말했다.

출처: 대전일보 (2013.08.08).

2. 일본의 물가

1) 일본의 물가는 정말 높은가

일본의 물가는 다른 나라에 비해 높은 것으로 정평이 나 있는데, 도대체 얼마나 높은 것일까? 일본 국제금융정보센터(www.jcif.or.jp)는 각국 현지에 조사원을 파견하여 식료품을 비롯한 각종 물가를 도쿄와 비교한 자료를 매년 발표하고 있다. 그 자료에 따르며 도쿄는 여전히 세계에서 가장 물가가 높은 도시 중 하나로 나타난다. 식료품 중에서도 특히 우유와 쇠고기, 감자 등은 미국 워싱턴이나 영국 런던보다 20% 정도 값이 비싸며, 맥도날드 빅맥도 30% 정도 비싼 것으로 나타났다. 버스와 택시 등의 대중교통 요금은 아시아 대부분의 다른 나라 도시보다 60~70% 정도 비싸고, 주요 선진국 도시와 비교하더라도 조금 높은 수준이다. 전반적으로 도쿄의 소비자물가는 아시아 주요 도시와 비교하여 약 30% 이상 높은 수준이고, 유럽과 미국 등의 주요 선진국 도시와 비교하더라도 10~20%가량 높다.

그러나 이처럼 일본이 다른 나라에 비해 비싼 품목이 많다고 해서 일본의 물가가 높다고 단정하기는 어렵다. 다른 나라와 물가 수준을 서로 비교하는 것은 생각만큼 그렇게 단순하지 않다. 보통 물가라고 하면 앞서 언급한 소비자물가지수를 가리키는데, 이 소비자물가지수를 산출하기 위해 사용되는 재화나 서비스의 항목과 가중치가 나라마다 다르기 때문이다. 가령 한국 소비자물가지수에는 김치 소비와 관련된 배추 가격이 비교적 중요한 상품으로 반영되지만, 일본 소비자물가

표 4-1 세계 주요 도시 물가 비교(도쿄=100)

	달걀 (1개)	우유 (1리터)	쇠고기 (1kg)	감자 (1kg)	맥주 (350ml)	빅맥 (1개)	택시 (기본요금)
한국	83.8	84.8	107.4	74.7	72.0	85.8	25.1
싱가포르	100.1	110.4	125.8	62.9	132.8	101.8	32.6
중국	47.0	60.7	44.0	43.4	13.4	47.8	25.1
태국	84.5	49.2	53.0	70.0	44.7	67.8	12.7
필리핀	46.3	63.0	26.6	45.3	31.1	66.9	11.0
체코	109.0	44.5	42.9	32.4	59.3	–	27.8
러시아	80.0	62.5	41.4	105.9	60.6	69.0	–
헝가리	68.1	36.8	40.8	19.2	36.8	99.3	15.6
미국	103.6	55.3	54.2	47.5	49.1	110.9	39.6
브라질	66.1	44.1	44.9	26.7	30.3	72.7	22.9
멕시코	64.8	38.8	35.4	32.0	36.7	77.2	6.9
이란	26.0	19.2	26.7	5.1	–	5.8	9.7
카타르	78.8	71.5	57.7	39.1	–	133.0	14.1
남아공	48.0	48.1	33.9	31.9	–	60.0	–

주: 2013년 2월 조사 결과, 중국은 상하이, 미국은 워싱턴
출처: 국제금융정보센터에서 작성

지수에는 배추라는 상품 자체가 없을 수도 있고 가중치도 다를 수 있다. 따라서 각국의 소비자물가지수를 국가 간 직접 비교하는 것은 의미가 없다. 이러한 문제를 해결할 수 있는 대안으로 사전에 서로 비교할 수 있는 특정 상품들을 정해 놓는 방법이 있지만, 이 역시 각 상품별 가중치를 어떻게 줄 것인가라는 문제를 해결하지 않으면 정확한 물가 비교는 불가능하다.

뿐만 아니라 물가의 높낮이를 어떻게 느끼는가는 소득과도 밀접한

연관이 있다. 일반적으로 근로자의 급여 수준을 감안하여 해당 국가의 물가를 비교하면 환율을 적용하여 비교했을 때와는 크게 차이가 난다. 환율을 적용하여 한국과 일본의 각종 상품과 서비스를 비교했을 때는 양국의 물가 차이가 큰 것처럼 보이지만, 근로자 급여와 물가를 서로 비교하면 큰 차이가 없는 것을 알 수 있다. 환율을 적용한 국가 간 물가비교는 어디까지나 국가 간 이동을 전제로 한 해당 화폐의 사용가치를 비교한 것으로, 그 나라 국민의 소득 수준과 함께 생각해야 하는 현지물가 수준과는 다른 것이다.

2) 가격파괴의 등장 배경

물가는 그 나라의 경제구조와 밀접한 관련이 있다. 일본은 과거 가파른 경제성장에 따른 국민소득 증가로 키워온 경제력이 지금의 물가 수준을 결정한 것으로 보아도 무리가 없을 것이다. 앞서 확인한 대로 다른 나라와 비교하여 일본의 물가는 매우 높은 수준이지만, 일본 근로자의 소득 수준을 감안하면 생활이 어려울 정도의 수준은 아니라는 것이다. 1990년대 저성장 시대로 접어들면서 국민소득이 더 이상 늘어나지 않았지만, 한편으로 그간의 상식을 뛰어넘는 '가격파괴' 현상으로 물가급등을 피할 수 있었다.

그림 4-2 일본 소비자물가지수 추이

출처: 日本総務省統計局에서 작성

일본은 1990년대에 들어오면서 물가하락 추세가 분명해졌다. 엔고로 내외 가격차가 확대되고 소비자의 가격인하 요구가 거세진 데다 저가 수입품이 밀려 들어와 기업의 가격경쟁이 한층 더 치열해졌기 때문이다. 이른바 '가격파괴'라는 용어도 이 당시 만들어졌다. 가격파괴라는 현상이 일어난 것은 버블경제가 무너진 후 불황국면으로 접어든 1992년 무렵부터이다. 버블경제 시기에는 토지와 주식의 매각 이익이 커지면서 소비가 크게 증가했었다. 전체 소비량만 증가한 것이 아니라 고급 제품을 선호하는 경향이 뚜렷하게 나타났고 명품 브랜드 제품도 날개 돋친 듯이 팔렸다. 그러나 버블경제가 막을 내리면서 상황은 급변했다. 고급제품을 선호하던 소비자들은 저가지향으로 전환했고, 기업들도 이러한 소비자의 변화에 적극 대응하고 나섰다. 이러한 움직임에 불을 붙인 것은 엔고의 질주였다. 엔고가 1993년부터 본격화되어서 1995년 봄에는 한때 1달러당 엔화가 80엔을 돌파하기도 했다. 그러자 기업들은 해외의 저렴한 가격과 생산비용에 눈을 돌렸다. 해외에서 상품을 수입하거나 생산해서 일본 국내에서의 가격경쟁력을 확보하기 위해서였다. 수입하기 쉽고 해외에서의 생산이 용이한 가전제품과 의류, 주류 등이 가격파괴의 중심에 있었다.

그러나 이 무렵 일본 소비자물가지수가 가격파괴의 여파로 하락한 것은 아니다. 소비자물가지수를 산출할 때는 서비스요금, 공공요금, 주거비 등 해외조달이 어려운 분야도 포함되기 때문이다. 가격파괴 현상이 전체 물가를 움직일 수 있을 정도의 파괴력을 지닌 것은 아니었지만, 1990년대 중반부터 소비자들의 소비행태에 분명한 변화가 감지되기 시작했다.

3) 아베노믹스와 디플레이션

일본은 2000년대 들어서도 지속되고 있는 물가하락 등으로 경기가 살아나지 못하고 있다. 물가가 하락하면 초기에는 실질소득이 증가한 것처럼 느껴진다. 그러나 물가하락이 오래 지속되면 기업은 수익이 줄어들어 인원감축과 임금인하 같은 구조조정을 하게 되고, 결국 근로자의 소득은 줄어든다. 실제로 일본은 1990년대 말부터 실업률이 크게 오르고 임금도 감소했다.

2013년부터 본격적으로 가동된 아베정권의 아베노믹스에는 경기악화를 초래하는 원인 중 하나로 지목된 디플레이션을 극복하겠다는 확고한 의지가 담겼다. 2012년 12월 물가목표 2% 도입을 정권공약으로 내건 자민당이 중의원 선거에서 대승하자, 일본은행은 '당분간 1% 목표'를 유지하겠다던 지금까지의 정책을 수정한다고 표명하고 2013년 1월에 물가안정 목표를 새롭게 2%로 설정했다. 그러나 2% 인플레이션을 달성할 수 있을지는 미지수이다. 왜냐하면 과거에 소비자물가지수가 2%를 넘었던 시기는 자원가격 폭등 또는 경기과열 등 매우 특수한 상황에 국한되어 있기 때문이다.

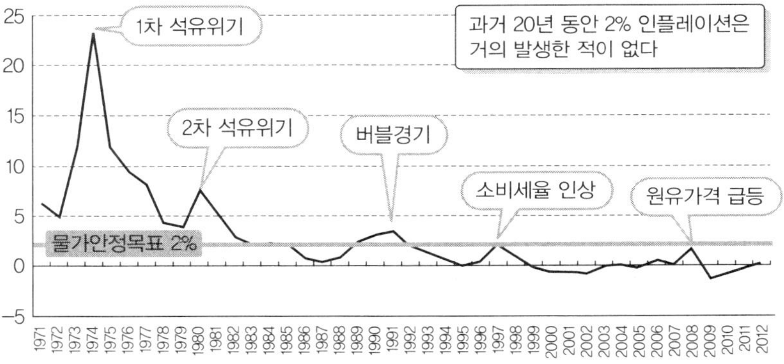

그림 4-3 아베노믹스에 포함된 2% 물가안정목표와 소비자물가지수 변동 추이

물가가 상승한다는 것은 곧 돈의 가치가 하락한다는 의미이다. 그렇기 때문에 앞으로 상품가격이 오를 것이라고 생각하면 지금 가진 돈으로 미리 사두려는 심리가 작동한다. 이것이 바로 물가상승 효과라고 할 수 있다. 그렇기 때문에 물가가 상승할 것이라는 기대를 조성하는 것이 중요하다. 실제 일본 내각부가 발표한 2013년 1월 소비동향조사(매월 1회 발표)에서는 1년 후에 물가가 오를 것이라고 대답한 세대의 비율이 2012년 12월 조사의 59.6%에서 65.3%로 상승했다. 이를 반영

하여 당시 대부분의 언론에서는 물가 예상이 조금은 높아지고 있다고 보도했다. 그러나 이 조사는 '평상시 자주 구입하는 품목'에 대한 물가 예상을 물었다는 점에서 주의가 필요하다. 즉 실제 소비자물가지수가 상승한 것이 아니라는 의미이다.

디플레이션 상황에서 물가상승에 대한 기대를 높일 수 있는가에 대해서는 아직 이론적으로 입증되지 않았다. 결국 소비자물가지수 상승이라는 실적이 쌓이지 않는다면 물가상승 기대가 높아지기는 어렵다. 어떤 요인에 의해 소비자물가지수가 움직이는지가 중요하다. 엔저현상이 지속되면 식료품과 휘발유 가격상승이 예상된다. 그러나 임금이 상승하면서 생활에 부담을 주지 않는 수준에서 완만하게 물가가 상승하는 것은 결코 쉬운 일이 아니다. 결론적으로 실물경제의 견실한 성장과 더불어 물가 2%를 달성한다는 아베노믹스의 목표는 실현되기 어려울 것으로 보인다.

식 · 음료값 상승률 OECD 최고 수준

한국의 식료품 소비자물가 상승률이 전체 소비자물가 상승률의 두 배에 달하며 경제협력개발기구(OECD) 최고 수준이라는 조사 결과가 나왔다.

백다미 현대경제연구원 연구원이 8일 내놓은 '식품 물가의 국제 비교' 보고서에 따르면 2007~2010년 한국의 식료품 · 비주류음료 소비자물가 상승률은 20.1%로 OECD 29개국 중 3위를 기록했다. 국제연합식량농업기구(FAO)가 발표한 지수를 분석한 결과다.

식 • 음료품 가격 상승률 (단위=%)

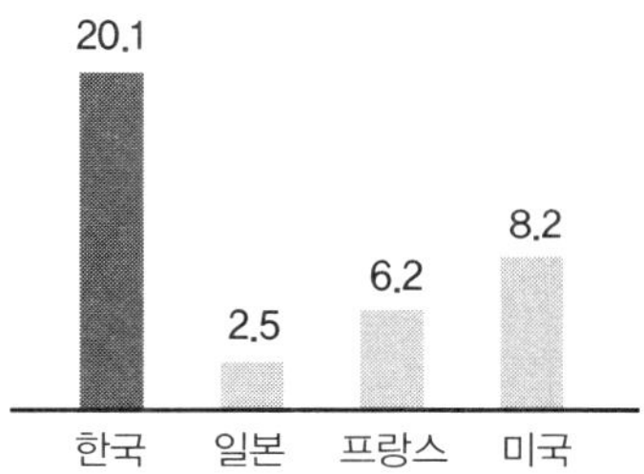

출처: 현대경제연구원

주요 선진국의 식료품 · 비주류음료 소비자물가 상승률은 한국에 비해 매우 낮았다. 같은 기간 일본이 2.5%, 프랑스가 6.2%, 미국이 8.2%였다.

2007~2010년 전체 소비자물가 상승률은 10.7%였는데 식료품 · 비주류음료의 물가 상승률은 20%가 넘었다.

소비자물가 상승폭에 비해 농산품의 생산자물가 상승은 낮았다. 2007~2010년 농산품의 생산자물가는 6.5% 상승하는 데 그쳤다. 두 부문의 격차 13.6%포인트는 OECD 29개국 중 4위다. 이는 물가 상승에 대한 이득이 생산자인 농어민으로 가지 않고 중간 가공이나 유통단계로 갔음을 의미한다.

특히 식료품 · 비주류음료 소비자물가 상승률이 원재료인 농산품 생산자물가 상승률보다 훨씬 높은 것은 농산품의 물가상승 수준이 확대돼 소비자에게 전가된 것으로 분석된다. 최근 산지 원유(原乳) 가격이 리터당 106원 오르자 우유업계들이 250원 인상을 검토한 것과 같은 맥락이다.

백 연구원은 "물가 단속 같은 가격 통제 위주의 물가관리 정책은 가격 인상 요인을 근본적으로 제거할 수 없다"며 "시장 경쟁 촉진, 담합 규제 등으로 자연스럽게 물가가 안정될 수 있는 물가 결정 시스템을 조성해야 한다"고 말했다.

출처: 매일경제 (2013.08.08).

CHAPTER 05

고용

CHAPTER 05

고용

1. 고용의 이해

1) 실업을 줄여야 하는 이유

누구도 원하지 않는 실업은 주로 불경기에 심하게 나타난다. 경기가 악화되면 소비가 감소되면서 기업은 생산량을 줄이기 위해 공장의 가동률을 낮춘다. 이로 인해 고용을 줄이는 구조조정을 단행하는 기업이 발생하게 된다. 만약 이러한 경기악화가 지속되면 실업자가 급속히 증가하면서 문제는 경제영역에서 벗어나 사회 전반으로 확산된다. 그래서 근로자들은 경기가 나빠지면 직장을 잃을지도 모른다는 걱정을 한다.

경기악화로 대량실업이 발생했던 가장 대표적인 사례는 1930년대 미국의 대공황이다. 지난 1990년대 후반 외환위기로 우리나라에서도 수많은 실업자가 발생했다. 당시 8%가 넘는 기록적인 실업률을 기록했고, 식구들에게 실직을 알리지 못한 직장인들이 인근 공원이나 야산에서 아침에 싸 들고 나온 도시락을 먹는 진풍경이 신문의 한 면을 장식하기도 했다. 이 무렵부터 임시직과 일용직 근로자가 정사원을 대신하는 사례가 증가하는 등 고용형태의 큰 변화가 나타나기 시작했다. 그 이후 경기가 다시 살아나면서 실업률은 점차 낮아졌지만, 청년실업이 증가하는 등 불안한 고용시장은 여전히 지속되고 있다.

사실 생산수단을 소유한 자본가와 자신의 노동력을 제공하고 그 대가로 보수를 받는 임금근로자가 명확히 구분되기 시작한 것은 산업혁명 이후로, 산업혁명이 일어나기 이전에는 실업에 대해 심각하게 걱정하는 사람이 그렇게 많지 않았을 것이다. 농업 중심의 산업구조에서 제조업 중심으로 전환되기 이전에는 임금을 받는 근로자는 거의 없었고, 있었다 하더라도 가족 경영으로 이루어지는 가내수공업에서의 고용이 대부분이었기 때문에 실업문제가 관심의 대상이 되지 못했다. 그러나 앞서 언급한 1930년대 대공황을 계기로 실업이 심각한 사회문제로 대두되기 시작했고, 이를 해결하기 위한 정책당국자의 관심도 높아지게 되었다. 실업은 개인의 생존기반을 위협하고 한 가정의 온전한 존립을 흔들 뿐 아니라 국가 전체로 보더라도 가용자원의 낭비를 의미하기 때문에 한시도 관심의 대상에서 벗어날 수 없다. 그래서 오늘날 대부분의 국가에서 물가안정, 경제성장과 더불어 완전고용 달성이 경제정책의 가장 중요한 목표가 되고 있는 것이다.

2) 실업자의 실체

일을 하고 싶지 않아 놀고 있는 사람도 실업자일까? 그렇지 않다. 실업률을 계산할 때 인용되는 실업자란 일을 할 수 있는 능력을 갖고 있고, 일을 하고 싶은데도 불구하고 일자리가 없는 사람을 의미한다. 그렇기 때문에 일을 하고 싶지 않거나 일을 할 수 있는 능력이 없는 사람은 실업자가 아니다. 그렇다면 어떤 조건을 가진 사람들이 이 기준에 해당되는 것일까? 우리나라에서는 최저 근로연령인 만 15세 이상 인구를 노동법상 일할 능력이 있는 것으로 간주하여 노동가능인구로 분류한다. 이 나이의 기준은 나라마다 조금씩 다른데, 미국은 만 16세이고 일본은 우리나라와 같은 15세 이상을 노동가능인구(일본어로는 노동력인구)로 본다. 다만 우리나라는 의무병 제도를 채택하고 있기 때문에 현역군인과 공익근무요원, 상근예비역, 전투, 의무경찰은 15세 미만 인구처럼 실업자와 취업자 조사대상에서 제외된다. 또한 형이 확정된 교도소 수감자, 소년원과 치료감호소 수감자, 경비교도대, 외국인 등도 제외한다. 그리고 15세 이상의 대상자 중에는 일할 생각이 없는 사람도 있다. 전업주부나 학생이 여기에 포함되고 오랫동안 치료를 받고 있는 장애인도 일자리가 없지만 실업자에 해당하지는 않는다.

노동가능인구는 일할 생각이 있는 경제활동인구와 일할 생각이 없는 비경제활동인구로 나뉘는데, 경제활동인구는 일자리를 갖고 있는 취업자와 그렇지 않은 실업자로 구성된다. 여기서 취업자란 매월 15일이 속한 1주일(일요일~토요일) 동안에 수입을 목적으로 1시간 이상 일한 사람을 의미한다. 일본 역시 이러한 취업자 기준은 우리나라와 같은데, 다만 매월 15일이 포함된 1주일이 아니라 월말 1주일 동안을 조사대상으로 하고 있다.

결론적으로 실업자란 단순히 직장이 없는 사람을 뜻하는 것이 아니라 매월 15일이 포함된 1주일 동안에 수입을 목적으로 일을 하지 않았을 뿐 아니라 지난 4주간 구직활동을 하였던 사람으로서 일자리가 생기면 언제든지 바로 취업할 수 있는 사람을 의미한다.

그리고 실업률은 실업자를 경제활동인구로 나눈 비율로 구할 수 있다. 어떤 나라에 10명의 실업자가 있고 1백 명의 취업자가 있다면, 경제활동인구는 110명이고 실업률은 9.1%(10/110×100)이다. 그런데 통계청에서 발표하는 실업률은 실제 우리가 느끼는 것보다 너무 낮은 경우가 있다. 그 이유는 실업률 통계를 산출하는 데 적용하는 분류기준에 기인하는 측면이 강하다. 비경제활동인구와 실업자를 구분하는 기준인 '지난 1주일 동안'의 구직활동이 문제의 핵심이다. 이 기준에 따르면 오랫동안 열심히 일자리를 찾다가 조사대상 기간 중에 취직할 생각이 없었던 구직단념자는 실직자가 아니라 비경제활동인구에 포함된다. 결국 이러한 수가 늘어나면 실업률은 오히려 낮아지게 되기 때문에 지난 1주일 동안이라는 구직활동 기간은 너무 짧다는 것이다. 실제 OECD 국가 대부분은 구직활동 기간을 지난 4주일 동안으로 설정하고 있다. 따라서 실업률을 국제적으로 비교할 때는 주의가 필요하다. 그래서 우리나라도 지난 1달 동안의 구직활동 여부를 기준으로 하는 실업률을 따로 발표하고 있다.

시간제 혹은 임시직으로 근무하면서 상용직으로의 전환을 바라는 사람은 1주일에 한 시간 이상 수입이 있는 일에 종사한 경우에 해당되어 모두 취업자로 분류되는 문제도 있다. 이처럼 완전한 형태의 취업에 성공하지 못한 사람의 입장에서는 공식적으로 발표되는 실업률이 상대적으로 너무 낮게 느껴질 가능성이 매우 높다. 뿐만 아니라 자신이 실업자라는 사실을 통계 조사원에게 밝히는 것을 부끄럽게 생각해 사실과는 달리 일자리를 찾고 있지 않다고 대답하는 경우도 있을 수 있다. 이런 유형의 사람이 많아진다면 조사된 통계는 실제 현실을 정확하게 반영한 결과로 보기 어려워진다. 그래서 유럽에서는 실업자로 간주하는 사람은 실제 실업수당을 받으러 오는 사람으로 제한한다. 실업자는 실업수당을 받기 위해서는 자신이 실업 상태임을 정확하게 밝혀야 하기 때문에 사실을 숨기지 않는다. 따라서 보다 현실에 가까운 통계를 확보할 수 있다.

3) 실업이라고 다 같은 실업이 아니다

일반적으로 실업률에 포함되는 실업자는 발생하는 원인별로 구분된다. 경제학에서 가장 중요하게 다루는 실업자는 경기적 실업자인데, 이들은 경기순환 과정에서 국내총생산이 감소하거나 경기가 나빠지면서 발생하는 실업자를 말한다. 앞서 확인한 대로 호황일 때 늘어났던 고용은 불황이 되면 일자리가 부족해지면서 실업이 증가하게 된다. 수요 감소로 기업이 생산을 줄이고, 이 과정에서 경기적 실업자가 발생되는 것이다.

다음으로 경기 변동과는 무관하게 발생할 수 있는 것이 마찰적 실업자이다. 이들은 일시적인 실업상태에 있는 사람들로, 보다 나은 일자리를 찾거나 직업을 변경하기 위해서 탐색 활동을 하는 과정에서 실업을 경험하는 경우이다. 따라서 경기가 아무리 좋아도 언제든지 발생할 수 있는 실업자이기 때문에, 이런 유형의 실업자를 줄이거나 없애기 위해 노력을 기울여야 할 만큼 경제에 악영향을 주는 악성 실업이 아니다. 보다 다양한 고용기회에 관한 각종 정보제공을 적극적으로 추진하는 한편 새로운 직장을 탐색하는 과정을 단축시키면 효과적으로 마찰적 실업자를 줄일 수 있다.

점차 고용기회가 증가하는 기술 분야와 근로자가 보유하고 있는 기술이 일치하지 않아 발생하는 실업자를 구조적 실업자라고 한다. 기술혁신으로 지금까지의 기술가치가 급격히 낮아지거나 특정 산업이 사양화되면서 일자리를 잃는 경우이다. 한때 우리나라 수출의 효자종목이었던 신발산업이 사양화되면서 해고된 사람이 산업규모가 커지는 정보통신산업으로 이직하기란 결코 쉬운 일이 아니다. 정보통신산업이 신발산업에서 해고된 실업자를 모두 흡수할 수 있다면 구조적 실업자 문제는 말끔히 해결될 수 있지만 현실적으로는 불가능에 가깝다. 이러한 유형의 실업자를 줄이기 위해서는 새로운 기술 습득을 위한 훈련교육이 효과적이다.

마지막으로 많지 않지만 계절적 실업자도 존재한다. 추운 겨울에 일감이 급감하는 건설현장 노동자와 눈이 내려야 일자리가 생기는 스키강사 등이 이런 유형의 실업자로 전락할 확률이 높다.

이처럼 실업자가 되는 원인은 다양하지만, 경제학에서는 수요 부족, 즉 불황으로 발생하는 경기적 실업자가 없다면 '완전고용'으로 간주하며, 이때의 실업률을 완전고용실업률 또는 자연실업률이라고 한다. 바꿔 말하면 마찰적 실업자와 구조적 실업자 그리고 계절적 실업자만 존재하고 있을 때를 완전고용상태라고 말한다. 따라서 완전고용상태란 한 나라 안의 모든 근로자가 완전히 고용되어 실업자가 단 한사람도 없는 실업률 0%의 상태를 말하는 것이 아니다. 완전고용에서도 여전히 경기 이외의 요인으로 발생하는 실업자는 존재할 수 있으며, 아무리 경제상황이 좋다고 하더라도 실업률이 0%로 떨어지는 것은 불가능하다.

이처럼 경제학에서 경기변동에 의한 실업자가 없다는 것을 완전한 상태의 고용구조로 간주하는 이유는 그만큼 경기로 인해 생겨나는 실업자가 거시경제정책의 중요한 관심 대상이기 때문이다. 다시 말해 경기적 실업자 이외의 실업자는 거시경제정책만으로는 해결할 수 없는 특성이 있고 나름대로의 긍정적인 측면도 일부 가지고 있다.

"불황 때문에…" 상반기 청년 실업 최악

최근 10년간 청년층(15~29세) 취업 추이

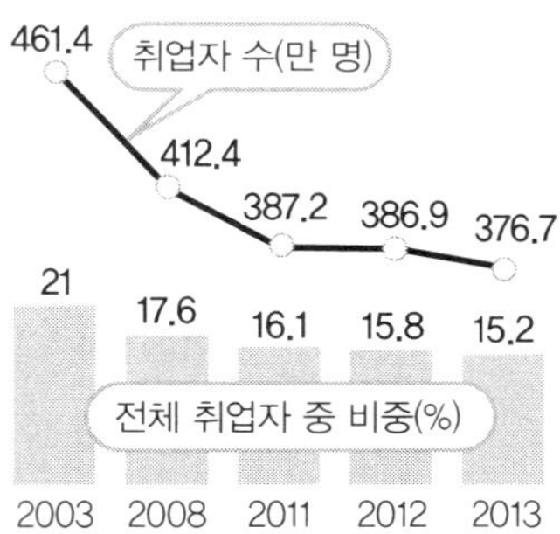

출처: 한국고용정보원

청년 취업 작년보다 10만 명 넘게 줄어

지난 2월 서울의 한 명문 사립대를 졸업한 이모(25) 씨는 상반기 공채에서 무역업체 15곳에 원서를 넣었지만 모두 불합격했다. 대부분 서류에서 탈락했고 면접을 본 곳은 4, 5곳 남짓. 학점, 영어 성적, 관련 자격증 등 스펙을 다 갖췄지만 취업문은 좁디 좁았다. 상반기에만 평균 40여 곳의 기업에 원서를 낸 이씨 친구들도 사정은 비슷하다. 이씨는 스펙을 높이기 위해 새로 한자 자격증을 공부하며 계속 취업 준비 중이다.

올해 상반기에는 이씨와 같은 취업 실패 청년들이 유독 많았던 것으로 나타났다. 지난해부터 계속된 경기 침체의 영향으로, 청년 취업자 수는 역대 최저치이고 비경제활동인구는 글로벌 금융위기 직후인 2009년 상반기 이후 최고치를 기록했다.

12일 한국고용정보원에 따르면 올해 상반기 청년층(15~29세) 취업자 수는 376만 7,000명으로 지난해 상반기(386만9,000명)보다 무려 10만2,000명이나 줄었다. 또 전체 취업자 중 청년층이 차지하는 비율은 올 상반기가 15.2%로 역대 최저치를 기록했다. 10년 전(2003년 상반기 21%)보다 5.8%포인트나 줄어든 수치다. 청년층 인구 감소율을 감안하더라도 취업자 수와 비율 감소가 더 가파르다는 게 전문가들의 분석이다.

취업준비, 육아, 가사 등의 이유로 경제활동을 하지 않는 청년층 비경제활동인구는 544만7,000명이나 됐다. 이는 10년 전인 2003년 상반기(540만9,000명)보다도 많은 수로, 글로벌 금융위기 직후인 2009년 상반기 547만3,000명 이후 가장 많은 수치다. 특히 전체 청년층 중 20~24세 비경활 인구가 153만7,000명으로 전년 동기(140만2,000명) 대비 9.7%나 증가했다. 대학을 갓 졸업한 청년들의 실업이 그만큼 심각한 것이다.

'취업 준비'로 인한 청년층 비경활 인구도 급증했다. 2010년 상반기 46만5,000명에서 2년 연속 감소해 지난해 상반기 39만9,000명까지 떨어졌지만 올 상반기에 4만5,000명이나 증가(11.2%), 44만4,000명에 달했다.

한국고용정보원 박진희 부연구위원은 "지난해부터 경기가 좋지 않아 불확실성이 커지자 기업들이 대졸자 신규 채용은 줄이고 경력직이나 임시직을 활용하는 것으로 보인다"며 "하반기에는 청년층에 대한 노동 수요가 늘겠지만 크게 좋아지지는 않을 것"이라고 말했다.

출처: 한국일보 (2013.08.13).

2. 일본의 고용

1) 근로조건의 변화

경제협력개발기구(OECD)의 최근 통계에 따르면 일본의 노동시간은 꾸준히 줄어들고는 있지만 여전히 다른 선진국에 비해 긴 것으로 나타났다. 뿐만 아니라 일찍이 세계 1위 자리를 지켰던 노동생산성도 크게 낮아지고 있다. 따라서 일본의 근로자는 근면할 뿐 아니라 구미 선진국에 비해 높은 생산성을 보인다는 지금까지의 통념도 점차 퇴색될 것이 분명해 보인다.

그동안 줄곧 오르기만 했던 일본 근로자의 임금도 더 이상의 상승을 기대하기 어려워졌다. 디플레이션에 따른 임금상승 억제요인도 분명 있지만, 노사 쌍방의 의식과 노동구조가 크게 바뀌었기 때문이다. 1950년대 후반 50%를 넘었던 일본의 노동조합 조직률이 최근 20% 이하로 떨어졌다. 일찍이 임금인상 일변도였던 노사협상 주제가 점차 근무환경과 복지수준 향상으로 변하면서 최근에는 고용안정을 최우선으로 삼는 경향이 강해지고 있다. 이러한 변화는 불안정한 상태가 지속되고 있는 고용시장으로부터 야기되는 측면이 강하며, 그동안 일본기업들이 성역으로 간주해 왔던 고용과 임금에 대한 획기적인 구조조정(임금인하, 인원삭감)을 단행하는 사례가 늘어나고 있기 때문이다.

2) 일본의 실업 수준

일본은 지난 2002년 역대 최고 수준인 5.4%의 실업률을 기록했다.

그 이후 하락하던 실업률이 다시 상승세로 돌아선 것은 2007년이었다. 2009년과 2010년 2년 연속 5%를 웃돌던 실업률이 2012년에는 다시 4.3%로 내려간 상태이다. 그러나 일본의 고용시장에 다시 활기가 찾아온 것은 아니다.

고용불안의 최대 원인은 경기악화에 따른 기업의 인원감축이다. 그러나 이러한 경기악화에 따른 요인 이외에 고용환경이 크게 바뀌고 있다는 사실도 간과해서는 안 된다. 일본은 이전과는 달리 고용환경이 악화되기 쉬운 체질로 변화되었다. 그 원인 중 하나로 비정규직(시간제 근로자, 파견사원, 계약 · 촉탁사원 등) 근로자의 급증을 들 수 있다. 전체 근로자에서 비정규직이 차지하는 비율이 지난 20년 사이에 약 두 배로 늘어났다. 1984년 15.3%였던 것이 2010년 현재 33.7%를 기록하고 있다. 1990년대 중반 이후 급격히 증가하던 추세가 2009년에 한때 감소하기도 했으나 2010년에 다시 증가세로 돌아섰다. 비정규직 근로자는 경기가 안 좋아지면 가장 먼저 해고의 대상이 된다. 실업률이 급증했던 지난 2008년 10월부터 2009년 6월 사이에 직장을 잃은 비정규직 근로자는 20만 명에 달했다. 1990년대 장기불황은 일본의 오랜 고용관행을 바꿔 놓았다. 이제는 누구도 종신고용이나 장기고용이 일본형 고용관행이라고 확언하지 않는다. 지난 2010년 일본 후생노동성이 실시한 전직자 실태조사 결과에 따르면 25~35세의 일반사원(남자) 중 약 20% 정도가 전직을 경험한 것으로 나타났다.

그림 5-1 일본의 실업률 추이

출처: 日本厚生労働省. 労動經濟分析(労動經濟白書)에서 인용

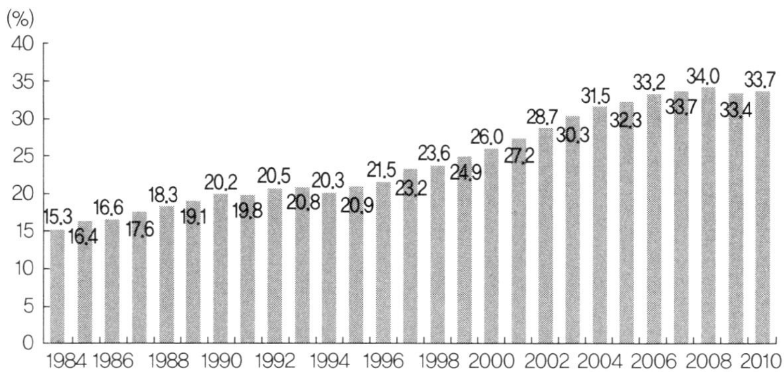

그림 5-2 일본의 비정규직 근로자 비율

출처: 日本厚生労働省. 労動經濟分析(労動經濟白書)에서 인용

3) 고령자 고용

기업이 지속적으로 성장할 때 만들어졌던 일본의 고용관행이 더 이상 유지되지 못하는 데는 여러 가지 원인을 생각해 볼 수 있다. 먼저

과거와는 비교할 수 없을 정도의 빠른 속도로 산업구조가 바뀌고 있다는 점을 들 수 있다. 경기변화와는 무관하게 인력을 필요로 하는 업종이 있음에도 불구하고 일할 곳을 찾는 구직자도 증가하는 현상이 나타나고 있다. 따라서 업종의 경계를 뛰어넘는 노동력의 이동은 더 가속화될 가능성이 높다.

또 다른 요인으로는 저출산 · 고령화 문제를 들 수 있다. 일본의 생산연령 인구비율은 69.5%의 최고치를 기록했던 1990년 이후 하락하기 시작하여 2010년 현재 63.7%에 머물러 있다. 일본 후생노동성은 이 수치가 앞으로 2030년에 58.5%, 2050년에 51.8%가 될 것으로 예상하고 있다. 뿐만 아니라 세계적으로 유례를 찾아보기 어려울 정도로 일본의 고령화 속도가 빨라지고 있다. 2012년 말 현재 65세 이상 인구가 처음으로 3,000만 명을 돌파하며 전체 인구 4명 중 1명이 고령자가 되었다. 구체적으로는 65세 인구가 3,074만 명으로 2011년보다 102만 명 증가해 전체 인구의 24.1%를 차지했다. 75세 인구도 처음으로 1,500만 명을 넘어 빠른 고령화 속도를 우려하는 목소리가 높아지고 있는 상황이다.

일본의 노동력인구는 오랜 기간 증가하는 추세를 유지해 오다가 1998년에 6,793만 명으로 최고 수준을 기록한 이후 감소세로 돌아섰다. 2010년에도 전년에 비해 27만 명 감소했다. 이러한 노동력인구 감소를 15세 이상 인구의 변화, 연령구성의 변화, 각 연령별 노동력인구비율 변화 등의 요인으로 구분하여 분석해 보면, 연령구성 변화요인의 마이너스 기여가 가장 큰 것으로 나타난다. 즉 고령화의 영향으로 노동력인구비율이 상대적으로 낮은 고령자층 인구가 늘어나고 있기 때문에 전체 노동력인구가 줄어들고 있는 것이다. 특히 일본 베이비붐

세대인 '단카이(団塊)세대(1947~1949년에 태어난 사람들)'가 60세에 도달했던 2007년 이후, 연령구성 변화요인의 마이너스 기여가 더욱 커졌다. 이렇듯 일본은 전체 인구가 감소하고 있을 뿐 아니라 고령화 속도가 빨라지고 있기 때문에 앞으로 노동력 공급에 차질이 예상된다. 따라서 경제사회를 지탱하는 노동력 확보가 일본의 국가적 중점 과제로 부상할 것이 확실하다.

4) 단카이(団塊)세대 문제

일본의 고령자 인구증가는 절대적 인구가 많은 단카이세대의 가장 맏형 격인 1947년생들이 2012년에 65세가 되면서 고령자 분류에 처음으로 들어간 것도 일정부분 영향을 주었을 것으로 판단된다. 2012년 말 현재 단카이세대 인구는 669만 명으로 전체 인구에서 차지하는 비중은 5.2%이다. 단카이세대의 높은 출생률로 인해 총인구 대비 비중은 어떤 연령대와 비교하더라도 월등히 높은 수준이다.

단카이세대가 60세가 되던 지난 2007년 이후 대량의 퇴직자가 발생하여 심각한 인력부족을 초래하게 될 것이라는 우려가 사회적인 이슈로 등장했었다. 그러나 정년연장, 근무연장제도, 재고용제도를 도입하는 기업이 증가하면서 당초 예상했던 것과는 달리 노동시장에 문제가 발생하지는 않았다. 결과적으로 '2007년 문제'가 노동력 수급에 이렇다 할 영향을 미치지 않았던 가장 큰 이유는 고용연장을 단계적으로 의무화하는 고연령자고용안정법(高年齢者雇用安定法)이 개정되었기 때문이었다. 이렇게 노동시장에 그대로 머물렀던 단카이세대가 2012년에 정년에 해당하는 65세를 맞이하면서 새롭게 '2012년 문제'가 다시 주목을 받기 시작했다. 퇴직하지 않고 노동시장에 남은 단카이세대가 당초 예상보다 많아지면서 단카이세대가 65세를 맞는 2012년 이후 그 영향이 더욱 커질 것이라는 우려가 나타났다. 실제 관련된 통계자료를 근거로 분석해 보면 이 같은 우려는 현실로 나타날 가능성이 매우 높은 것으로 판단된다.

후생노동성의 '취업조건총합조사'에 따르면 정년제를 시행하고 있는 기업 중에서 60세를 정년으로 하는 기업의 비율(전체산업)은 2005년 91.1%에서 2012년 82.7%까지 내려갔다. 또한 근무연장제도와 재고용제도가 있는 기업의 비율은 2005년 77.0%에서 2012년에는 93.2%로 상승했다. 뿐만 아니라 근무연장제도와 재고용제도 등과 같은 정년 이후의 조치를 마련하고 있는 기업의 대부분이 최고 고용연령을 65세까지로 하고 있기 때문에 65세에 퇴직하는 취업자가 많을 것으로 추측된다.

65세 노동력률은 2004년 40.6%에서 2012년에 45.2%로 상승했으나 64세부터 65세에 걸친 하락폭은 2004년 6.6%포인트, 2012년은 6.3%포인트이다. 즉 전체 고령자의 노동력률은 높아지고 있지만 65세에 퇴직하는 노동자 비율은 높은 상태가 그대로 유지되고 있는 상황임을 알 수 있다. 이러한 통계 결과는 단카이세대의 대량 퇴직과 노동력 인구의 대폭적인 감소가 2012년부터 본격적으로 시작될 가능성이 있음을 시사하고 있다고 할 수 있다.

한편 제조업의 정년 연령별 기업 비중을 살펴보면 정년을 60세로 정하고 있는 기업 비중은 전체 산업에 비해 높은 반면 65세 이상은 낮은 특징을 보이고 있다. 65세 이상을 정년으로 정하고 있는 제조업체는 2009년 이후 오히려 감소하고 있다. 제조업 분야에서 최근 3년 사이

(2010~2012년)에 60세와 65세 이상의 비중에 이렇다 할 큰 변화가 나타나지 않는 것으로 보아, 정년연령이 더 이상 높아질 가능성은 높지 않

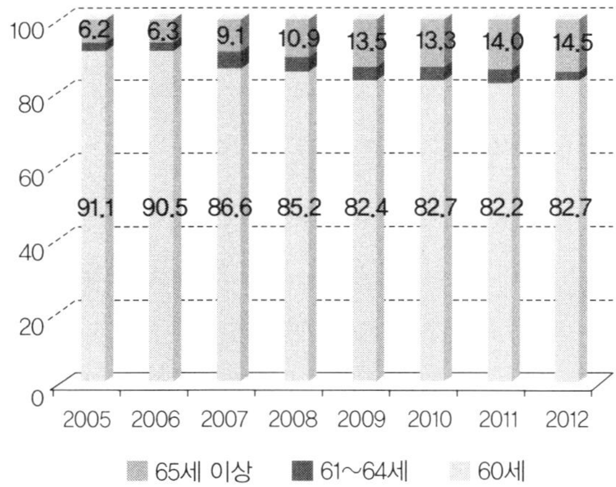

그림 5-3 정년연령별 기업 비중(전체 산업)

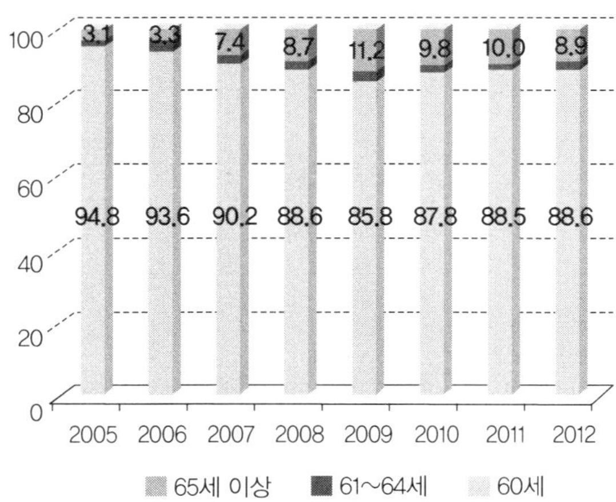

그림 5-4 정년연령별 기업 비중(제조업)

출처: 日本厚生労働省. 就労条件総合調査를 이용하여 작성

은 것으로 보인다.

2005년에 약 500만 명이었던 단카이세대 취업자 수는 2010년에 이미 380만 명 정도까지 감소하여 노동시장에 대한 영향력은 점차 줄어들고 있는 것이 사실이다. 65세 이상 취업자는 60~64세에 비해 낮은 수준에 머물러 있으며 법률 개정 이후에도 상승하는 경향을 나타내지 못하고 있다. 따라서 연령이 높아질수록 단카이세대의 취업자 수는 더욱 감소할 것이 확실하다. 또한 단계적으로 추진되어 온 정년 연장 등의 조치가 2013년도에는 모두 끝나기 때문에 추가적인 취업자 수의 증가는 기대하기 어려운 상황이다.

결론적으로 2012년에 본격적으로 노동시장에서 퇴출하기 시작한 단카이세대 노동력 인구는 점차 줄어들 것으로 보인다. 구체적으로는 2010년 400만 명에서 2012년 약 350만 명, 2016년에 약 250만 명이 될 것으로 전망하고 있다.

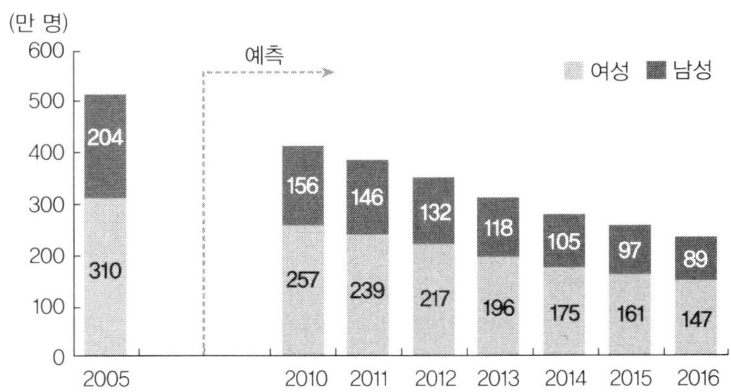

그림 5-5 단카이세대 노동력 인구 예측

출처: みずほ総合研究所 (2012). みずほリサーチ, January 2012에서 인용

종신고용 전통 흔들리는 日 … 노동자 반발 거세

일본을 대표하는 고용문화인 종신고용문화가 흔들리고 있다. 지난달 일본 정부가 해고 규제 완화를 검토하겠다고 발표한 가운데, 사회적 반발이 거세다고 뉴욕타임스(NYT)가 16일 보도했다.

NYT는 일본 전자회사 소니의 공장 근로자인 슈사쿠 타니의 사례를 소개했다. 올해로 32세인 그는 하루를 대기발령실에서 40명의 동료와 함께 보낸다. 주로 신문을 읽거나 인터넷 서핑으로 시간을 보낸다. 소니의 마그네틱 테이프 부서에서 일했던 타니는 해고 대상자다. 그가 일했던 부서는 사업 부진으로 이미 사라진 지 오래다. 회사는 조기퇴직을 권유했지만 거부했다. 그는 "절대 떠나지 않을 것"이라면서 "회사는 이런 식으로 비인간적으로 노동자들을 대해서는 안 된다"라고 말했다.

NYT는 이런 대치 상황이 요즘 일본 회사에서 새삼스러울 게 없는 광경이라고 전했다. 최근 일본 정부가 해고 조건을 완화하려고 나서자 대립은 더욱 고조되고 있다. 아베 신조(安倍晋三) 정부는 지난달 말 도쿄(東京), 오사카(大阪), 아이치(愛知) 등 국가전략특구에 한해 해고 조건을 완화하는 방안을 검토한다고 밝혔다.

종신고용을 보장하는 문화로 유명했던 일본 기업들도 직원 해고에 나섰다. NYT는 일본 현지 매체 보도를 인용해 소니를 필두로 파나소닉, NEC, 도시바 등이 대기발령자 수를 늘리고 있다고 전했다.

경제전문가들은 해고 규제 완화를 긍정적으로 평가한다. 일본 노동시장에 유연성을 불어넣고, 경영난에 시달리는 기업들에 숨통을 틔워줄 수 있다는 것이다.

NYT는 적자에 허덕이는 소니 같은 기업을 대표 사례로 들었다. 직원 수가 14만 6,000명에 이르는 소니는 삼성전자 등 경쟁자들에 밀려 경영난을 겪고 있다. 최근엔 소니 대주주인 미국 헤지펀드 거물 대니얼 로엡이 엔터테인먼트 사업 분사를 요구하는 등 압력에 시달려 왔다. 주가는 지난주 10% 하락했다. NYT는 소니의 경우 해고 규제 완화가 부실사업 부문을 정리하고, 보다 혁신적이고 촉망받는 사업에 뛰어들 기회가 될 수 있다고 썼다.

하지만 반대 목소리도 있다. 일본 정부의 노동 개혁을 비판하는 전문가들은 "해고가 쉬워지면 일본의 사회 구조가 무너질 것"이라고 지적한다. 실업자가 기하급수적으로 늘고, 소득 격차는 더 벌어질 우려가 크기 때문이다. NYT는 "안정과 상대적으로 균등한 소득을 자랑해 온 일본은 이런 변화를 받아들이기 어려울 것"이라고 전망했다.

일본 기업들이 시행하는 대기발령 조치가 가혹한 처사라는 비판도 나온다. 지난해 도쿄 법원은 교육서비스 회사 베네스에 대기발령 조치한 직원을 복직시킬 것을 명령했다고 NYT는 전했다. 조기퇴직을 거부한 직원에게 하찮은 일만을 시키며 모욕했다는 이유에서다.

출처: 조선비즈 (2013.08.17).

CHAPTER 06

경상수지

CHAPTER 06

경상수지

1. 경상수지의 이해

1) 무역이 발생하는 이유

세계무역기구(WTO) 발표에 따르면 우리나라 상품 수출이 1980년에 세계 32위에서 2012년 세계 7위로 도약했다. 이러한 눈부신 성장이 가능했던 이유는 우리나라가 좋은 물건을 값싸게 만드는 경쟁력을 키웠기 때문이고, 외국에서 그렇게 생산된 제품을 적극적으로 구입해주었기 때문이다. 그렇다면 왜 다른 나라에서는 자신들이 직접 원하는 물건을 만들지 않고 우리나라 제품을 수입하는 것일까? 그 이유는 그 제품을 직접 만드는 것보다 수입하는 것이 더 유리하기 때문이다. 어느 나라나 필요한 모든 물건을 스스로 만들어 사용할 수는 없기 때문에 다른 나라에서 만든 것을 수입한다. 자신이 제일 잘하는 일에 집중하는 것이 중요한 것처럼 나라와 나라의 무역에도 같은 원리가 적용된다. 국가 간에도 전문화와 분업을 통해 생산을 늘려 교환함으로써 서로 더 큰 이익을 누릴 수 있다.

우리는 누구나 살아가는 데 필요한 모든 물건을 자신이 직접 만들 수 없다. 제과기술을 갖고 있는 빵가게 주인이 컴퓨터가 필요할 경우 컴퓨터를 만드는 것보다는 빵을 팔아 번 돈으로 컴퓨터를 사는 것이 훨씬 쉽다. 반대로 컴퓨터를 만드는 사람은 컴퓨터를 팔아서 번 돈으로 빵을 비롯한 여러 물건들을 살 수 있을 테니 서로에게 이익이 되는 셈이다. 이처럼 자신이 가장 잘하는 분야에 시간과 노력을 쓰는 것을 특화라고 한다. 한 나라가 선택하고 집중해서 만든 상품을 다른 나라들과 교환하는 이른바 특화와 교환의 원리가 무역에도 그대로 적용된다.

이처럼 무역 상대국과 비교하여 상대적으로 보다 저렴하게 보다 질 좋은 물건을 만들 수 있는 산업을 비교우위산업이라고 하고, 반대의 경우를 비교열위산업이라고 한다. 오늘날 거의 모든 국가가 문을 열고 외국과 거래를 하고 있기 때문에 자신들의 비교우위산업을 발전시켜 수출을 하는 대신에 비교열위산업 상품을 수입한다. 그를 통해 자원을 더 효율적으로 활용하면서 더 좋은 상품들을 많이 만들 수 있게 되는 것이다. 소비자 입장에서 보더라도 무역이 활발해지는 것이 유리하다. 수입을 통해 유입되는 상품이 많아지면 선택의 폭이 그만큼 넓어지고 가격경쟁이 더 치열해져 보다 싼 가격으로 질 좋은 상품을 구매할 수 있는 가능성이 높아지기 때문이다. 이렇듯 무역은 생산과 소비 양쪽 측면에서 경제 전체의 효율성을 높일 뿐 아니라 무역에 참여하는 모든 나라에 이익을 안겨 주게 된다.

2) 비교우위를 알아야 무역 발생의 진짜 이유를 알 수 있다

무역이 발생하는 이유를 이론적으로 보다 정확하게 이해하기 위해서는 비교우위 원리를 알아야 한다. 단순화해서 노동이 유일한 생산요소라고 전제하고, 한국의 농부 한 사람이 일본 농부 한 사람보다 더 많은 쌀을 생산한다면 한국이 쌀 생산에 있어 절대우위가 있다고 말한다. 반대로 일본이 콩 생산에서 한국보다 적은 양의 노동을 사용한다면 일본이 콩 생산에서 절대우위가 있다고 간주한다. 문제는 두 농산물 모두 한국이 절대우위를 갖고 있는 경우이다. 이런 경우에도 한·일 양국 간 무역이 발생할까? 대답은 물론 "그렇다"이다. 그 이유는 상대우위로 설명할 수 있다.

무역이 발생하는 이유를 절대우위로 설명했던 경제학의 아버지 애덤 스미스(Adam Smith, 1723~1790)와는 달리 데이비드 리카도(David Ricardo, 1772~1823)는 한 나라가 두 상품 생산에서 절대우위를 가지고 있더라도 서로 다른 두 상품을 생산하는 상대적인 생산비의 차이가 있으며, 따라서 무역을 하는 것이 이익이 된다는 비교우위론을 주장했다.

구체적인 숫자를 대비하여 좀 더 쉽게 풀어보도록 하자. 일본은 복숭아 1단위를 생산하는 데 2단위의 노동이 필요하고 레몬 1단위 생산을 위해 4단위의 노동이 필요하며, 한국은 복숭아와 레몬 1단위 생산에 각각 8단위의 노동이 필요하다고 가정해 보자. 이때 일본은 한국의 4분의 1밖에 안 되는 비용으로 복숭아를 생산할 수 있고 레몬은 한국의 2분의 1 비용으로 생산할 수 있다. 따라서 일본은 복숭아와 레몬을 모두 한국보다 저렴하게 생산할 수 있지만, 상대적으로 레몬보다 복숭아를 더 저렴하게 생산할 수 있다. 이것을 바로 비교우위라고 한다. 따라서 일본은 상대적으로 유리한 복숭아 생산에, 한국은 레몬 생산에 비교우위가 있는 것이다. 이 경우 양국이 각각 비교우위가 있는 상품 생산을 특화하여 무역하면, 무역이 이루어지지 않았을 경우와 비교하여 양국의 소비자는 두 가지 상품을 더 싸게 더 많이 소비할 수 있으므로 서로에게 이익이 된다.

이렇듯 간단하면서도 명쾌한 이론으로 리카도는 자유로운 무역에 참여하는 모든 나라가 더 많은 경제적 이익을 얻을 수 있다는 사실을 밝혔다. 물론 비교우위론도 두 나라, 두 상품만이 존재하는 세계를 가정하고, 생산요소도 노동력뿐이라고 가정하는 등 일정한 한계가 있다. 그러나 비교우위론은 150여년이 지난 지금도 자유무역의 이익을 뒷받침해주는 가장 확실한 이론으로 손꼽히고 있다.

3) 경상수지 흑자는 항상 좋은 것인가

국제수지는 한 나라(엄밀하게는 거주자)가 일정 기간 동안 다른 나라(비거주자)와 행한 모든 경제거래를 체계적으로 기록한 것으로, 국제통화기금(IMF)이 제시하는 매뉴얼에 따라 각 나라가 작성하고 있다. 국제수지는 크게 경상수지와 자본수지로 구분한다. 경상수지는 외국과의 거래 중에서 재화와 서비스의 수출입, 임금 및 투자소득과 같은 실물거래 결과를 말한다. 반면 자본수지는 실물거래뿐 아니라 외국에 돈을 빌려주거나 빚을 얻어 오는 등의 돈 거래를 의미한다.

우리나라에서는 보통 국제수지를 경상수지로 보는 경우가 많다. 경상수지가 그만큼 중요하기 때문인데, 경상수지는 한 나라의 가장 기초가 되는 실물부분과 외국과의 거래결과로서 국민소득, 생산, 고용 등

나라 전체의 거시경제 지표들과 밀접한 관련이 있기 때문이다. 그래서 언론에서 흔히 쓰는 국제수지 흑자는 경상수지 흑자를 뜻하는 것이고, 국제수지 적자는 경상수지 적자를 의미하는 것이라고 보면 된다.

경상수지는 경기와의 관계가 매우 중요하다. 한국과 일본 두 나라 사례를 통해 그 관계의 중요성을 확인해 보자. 한국이 일본보다 경기가 좋다고 가정할 경우, 한국에서는 소비와 기업의 투자활동이 활발하게 이루어져 일본에서 한국으로 재화와 서비스의 수입이 증가한다. 이와 반대로 경기가 침체된 일본에서는 반대로 한국으로부터의 재화와 서비스 수입이 줄어들 것이다. 그 결과 한국의 경상수지는 적자 경향을 보이는 반면 일본의 경상수지는 흑자 경향을 나타낼 가능성이 높아진다. 일본이 상대적으로 경기가 좋고 한국이 나쁜 경우에는 그 반대 현상이 나타나게 된다.

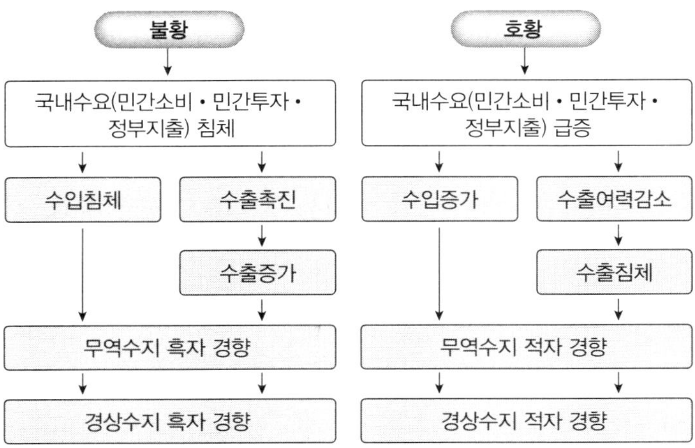

그림 6-1 경상수지와 경기의 관계

이렇듯 단기적으로 보면 경상수지는 그 나라의 경기를 반영하는 형태로 움직이게 된다. 그런데 경상수지 흑자 규모가 크면 클수록 모든 것이 좋아지는 것은 아니다. 호황인 상황에서 만약 경상수지 흑자가 이어지면 수입보다 수출이 많은 결과이므로 총수요가 늘어나고 국민소득이 증가하게 된다. 그리고 외화자산이 증가하거나 빌렸던 외채의 상환도 가능해진다. 그러나 해외투자나 외채를 상환하고 남는 외화는 국내에서 사용하기 위해 원화로 환전할 수밖에 없기 때문에 시중에 돈이 많이 풀리게 되어 부작용이 나타날 공산이 커진다. 그래서 경상수지 흑자가 계속되면 통화량 증가와 경기과열로 인플레이션이 발생하는 경우가 종종 있다.

경상수지 흑자가 지속되면 생기는 문제는 이것이 전부가 아니다. 경상수지 흑자가 오래가면 교역상대국으로부터 불만이 발생해 무역마찰을 초래할 가능성이 커진다. 지난 1980년대 일본의 대미수출이 급증하면서 미일 간의 무역마찰이 발생했었다. 따라서 경상수지가 단기간 흑자를 보이는 것은 바람직할지 모르지만, 그러한 현상이 오래가는 것은 여러 부작용을 초래할 가능성이 높아지기 때문에 대체로 균형을 유지하는 것이 가장 바람직하다.

경상수지가 적자를 보이는 것 역시 결코 바람직한 현상이 아니다. 수출입 의존도가 높은 우리나라의 경우에는 국민소득 증가와 고용안정을 위해서 일정 수준 이상의 경상수지 흑자가 필요하다고 보는 견해도 적지 않다. 경상수지 적자는 수입이 수출을 초과하는 현상이므로 국내에서 만든 물건보다 외국기업이 만든 물건을 더 많이 사용하게 되는 것을 의미한다. 결국 국내기업의 생산활동이 그만큼 위축될 수밖에 없고 경기는 더욱 안 좋아져 실업이 발생할 우려가 있다.

17개월째 경상수지 흑자도 '버팀목'

금융위기 보호막 역할… 올해는 530억달러 기대

"한국은 인도를 위시한 신흥경제권에서 경험하는 외화 유출이 일어날 확률이 거의 없다. 17개월째 경상수지 흑자를 보이고 있다. 다른 나라보다 건전하다."

김중수 한국은행 총재는 지난 8일 금융통화위원회의 금리 동결 배경을 설명하며 인도와 같은 피해를 볼 가능성을 묻는 질문에 이렇게 답했다.

미국의 양적완화가 축소되더라도 경상수지 적자국과 흑자국의 영향이 다르다는 의미였다.

경상수지 흑자가 위기로부터의 보호막 역할을 하고 있다. 경상수지란 한 국가가 상품이나 용역을 사고파는 대외 거래를 통해 벌어들인 외화와 지급한 외화의 차이를 보여주는 경제지표다. 경상수지 적자는 외국에 지급해야 할 달러가 모자란다는 의미다. 국제적인 투자자금이 그 나라의 경상수지를 보고 움직이는 건 당연하다. 인도와 인도네시아 등 최근 금융시장이 크게 요동치는 국가들은 대규모 경상수지 적자 때문에 통화가치가 급락하고 있는 곳들이다. 인도는 2009년 211억 달러 적자를 낸 뒤 지난해에는 917억 달러 적자로 그 규모를 키우고 있다. 올해 1분기는 182억 달러 적자로 16분기 연속 마이너스 행진이다. 인도네시아도 7분기 연속 경상수지 적자다. 특히 인도네시아의 2분기 경상수지 적자액은 98억 달러로 전 분기 대비 70% 급증했다.

아시아 신흥국의 위기가 한국에도 영향을 미치지 않을까 하는 우려에도 정부나 경제전문가들이 그 가능성을 낮게 보는 것은 꾸준한 경상수지 흑자 덕분이다. 한국은 지난 6월까지 17개월 연속 경상수지 흑자 행진을 잇고 있다. 올해는 지난해 431

억 달러보다 100만 달러 많은 530억 달러 흑자를 기대하고 있다. 이는 한은이 지난 4월 예상한 330억 달러 흑자보다 규모가 크다.

미국 연방준비제도(Fed)가 1994년 2월 연 3%에 묶여 있던 금리를 전격 인상하자 잘나가던 멕시코가 휘청거리며 금융위기로 구제금융을 받았고 1997년 아시아 외환위기가 불거졌다.

한국도 그 여파를 피하지 못했다. 한국은 1990년 들어 13억 달러 경상수지 적자로 돌아선 뒤 1993년(29억 달러 흑자)을 제외하고는 계속 경상수지 적자를 보였다. 특히 1996년에는 229억 달러 적자로 전년(-81억 달러) 적자 규모보다 세 배 가까이 급등했다.

권영선 노무라증권 수석 이코노미스트는 "한국은 경상수지 흑자를 유지하고 있고, 선진국 경기에 더 많은 영향을 받기 때문에 인도 등의 위기가 전염될 가능성은 낮다"면서 "한국이 아시아 위기에서 자유로울 수 없지만 원·달러 환율이 오르는 정도의 충격에서 그칠 것"이라고 말했다.

출처: 경향신문 (2013.08.21).

2. 일본의 경상수지

1) 경상수지 흑자의 주역이 무역수지에서 소득수지로 변경

2012년 일본 경상수지는 2011년에 비해 −49.5%를 기록한 4조8,237억 엔으로 2년 연속 급격히 감소하여 1985년 현행 제도로 통계를 시작한 이래 가장 저조한 기록을 남겼다. 경상수지 내역 중에서 눈에 띄는 것은 무역수지 적자 규모로 5조8,141억 엔의 적자를 기록하면서 2년 연속 적자폭이 크게 늘어났다. 또한 서비스수지 적자는 2000년대에 들어와 줄곧 감소하는 추세를 보이고 있으며, 2011년 동일본대지진의 여파로 광물성 연료 수입 증가에 따른 수송서비스수지의 적자확대 등으로 2012년에 큰 폭으로 적자(2조4,900억 엔)가 늘어났다. 그 결과 무역 및 서비스수지는 과거 최고치인 8조3,041억 엔의 적자를 기록하는 결과를 낳았다.

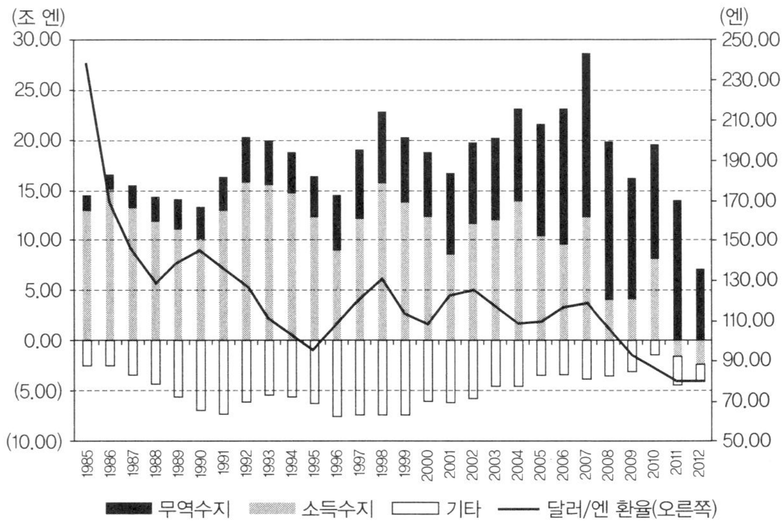

그림 6-2 일본 경상수지 추이와 달러/엔 환율 변화

출처: 日本財務省, 日本銀行統計에서 작성

주로 해외자산으로부터 발생하는 이자와 배당 등의 수입으로 구성되는 소득수지는 지속적으로 확대되는 기조를 보였으나 세계경제위기 여파로 2007년을 기점으로 3년 연속 감소했다. 그러나 2011년 이후에 투자수입 유입 증가로 2년 연속 흑자가 확대되어 2012년에는 역대 3번째로 많은 14조2,723억 엔의 흑자를 기록했다.

이렇듯 2011년 이후부터 일본 경상수지는 무역수지 적자를 소득수지 흑자로 채워 경상수지 흑자를 유지하는 상황이 나타나고 있다. 흑자규모도 2007년 24.9조 엔을 정점으로 해서, 2012년 5조 엔을 밑도는 등 급격하게 축소되고 있다.

2005년에 소득수지 흑자가 무역수지 흑자를 초과한 이후, 무역수지는 흑자 감소가 지속되어 적자가 확대되고 있다. 반면 해외 투자 확대에 힘입어 소득수지는 지속적으로 상승하면서 경상수지 흑자에서 차지하는 소득수지 비중이 커지고 있는 상황이다.

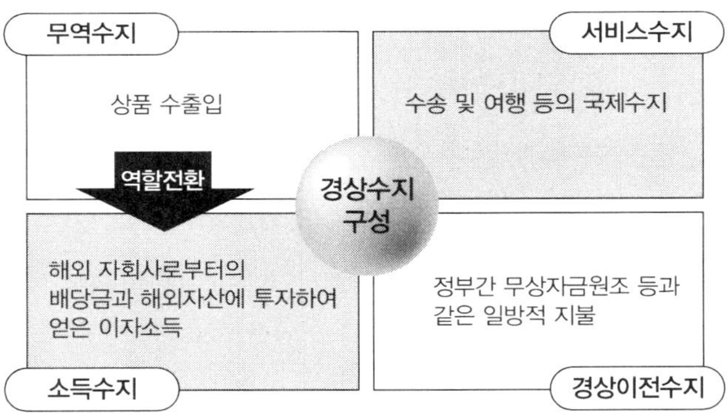

그림 6-3 일본 경상수지 흑자가 무역수지에서 소득수지로 전환

2) 일본의 수출경쟁력은 정말 문제가 없는 것일까

앞서 확인한 바와 같이 일본의 무역수지가 적자를 기록하고 있는 이유는 무엇일까? 우리나라와 같이 일본도 부족한 국내자원 문제를 수입으로 극복했다. 수입하기 위해 필요했던 외화는 수출을 통해 벌 수밖에 없었고, 그렇게 증가한 수출은 경제성장의 든든한 버팀목이 되

었다. 특히 1960년대 고도성장기에 수출은 매년 10% 이상 증가했다. 세계 전체 수출에서 차지하는 일본의 수출 비중은 1960년 3.2%에서 1970년 6.2%로 크게 늘어났다. 뿐만 아니라 미국과의 무역마찰 문제가 불거졌던 1980년대 중반에는 그 비중이 약 10%까지 치솟았다. 그러나 그 이후 아시아 경제 급부상과 국내경기 침체로 점차 낮아진 비중이 2011년 현재 4.9%까지 내려간 상태이다.

뿐만 아니라 2012년 일본의 무역수지는 역대 최대 규모인 6조9천억 엔의 적자를 기록했다. 지금까지 가장 많은 적자를 기록했던 때는 제2차 석유위기가 있었던 1980년으로 2조6천억 엔의 수입초과현상이 나타났었다. 따라서 32년 만에 무역수지 적자 규모를 새롭게 갈아치운 셈이다. 2011년에도 31년 만에 적자를 기록했지만 1980년과 비슷한 2조5천억 엔 정도였다. 일본이 이처럼 2년 연속 무역수지 적자를 기록한 이유는 세계적 불황으로 수출이 늘지 않았을 뿐 아니라 화력발전 용도의 LNG 수요가 급증하면서 수입이 크게 증가했기 때문이다.

일본의 수출은 글로벌 금융위기로 급감했던 2009년 이후 회복이 늦어지고 있는 상황이다. 이미 구미와 아시아 주요국 수출이 글로벌 금융위기 이전 수준을 뛰어넘어 확대되고 있는 상황에서 일본은 여전히 그 이전 단계로 진입하지 못하고 있다. 2012년 시점에서 일본의 3대 수출품목인 일반기계, 전기기계, 자동차(3개 품목이 총수출의 과반을 차지) 중에서 글로벌 금융위기 이전 수준을 회복한 것은 일반기계가 유일하다. 특히 전기기계의 무역흑자(수출-수입)는 글로벌 금융위기 이전부터 하락하는 추세를 보였다. 그렇다면 일본의 수출경쟁력이 정말 낮아지고 있는 것일까? 2개의 지표[세계 수출에서 차지하는 일본의 비중, 무

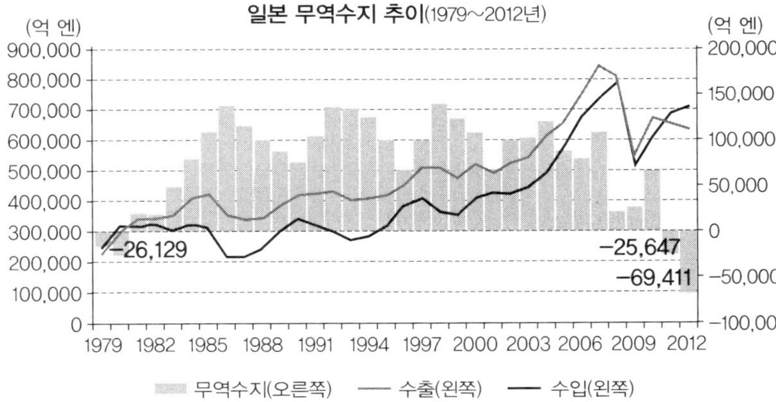

그림 6-4 일본 무역수지 추이(1979년~2012년)

출처: 日本財務省. 貿易統計에서 작성

역(수출)특화지수]를 이용하여 평가를 시도해 보기로 하자.

(1) 세계 수출에서 차지하는 일본의 비중

세계 수출에서 차지하는 일본의 수출 비중을 보는 의미는, 만약 일본의 수출이 늘었다 하더라도 다른 나라도 똑같이 늘고 있다면 경쟁 차원에서 일본의 위상은 변하지 않은 것이 되기 때문이다. 일본의 수출액 상위 10개 품목의 세계 수출에서 차지하는 비중 변화를 살펴보면 전반적으로 대부분 하락하는 추세이다. 특히 수출비중이 큰 일반기계, 자동차, 전기기계, 정밀기계 등의 비중이 점차 하락하고 있는데, 구체적으로 각 분야별로 어떤 제품의 비중이 줄고 있는지 알아보도록 하자.

먼저 일반기계 중에서 불도저(bulldozer)는 여전히 높은 수준을 유지하고 있으나, 자동데이터처리기계(PC 등), 사무용기 기계부품이 크게 감소하고 있다. 그 밖에도 엔진부품, 펌프, 기어박스, 내연기계 등도 감소하고 있다. 반면 공작기계는 다시 증가세로 돌아서고 있으며 반도체 제조장치는 세계 수출의 3분의 1을 일본이 차지하고 있다.

다음으로 전기기계는 1990년에는 일본의 대표적인 수출품이었으나 그 이후 사양화의 길을 걷고 있는 라디오, 비디오레코더, 브라운관, 자기테이프 · 디스크의 일본 점유율이 낮아지고 있다. 반면 2000년대 이후 주요수출품으로 부상한 제품 중에서는 콘덴서가 높은 비중을 차지하고 있으나, 집적회로, 반도체디바이스, 무선전화 등의 점유율은 감소하고 있다.

표 6-1 세계 수출에서 차지하는 일본 주요수출품 비중(2011년)

순위	항목	수출액 (10억 달러)	비중(%)	세계 수출에서 차지하는 비중(%)		
				1995년	2000년	2011년
1	일반기계	171	21.9	15.2	11.5	8.5
2	자동차	148	18.9	18.0	16.1	11.9
3	전기기계	129	16.5	17.2	12.8	6.5
4	정밀기계	46	5.8	19.4	17.7	9.1
5	철강	42	5.4	11.8	10.7	9.4
6	플라스틱	30	3.9	6.3	6.0	6.0
7	유기화학품	25	3.1	10.1	8.0	6.2
8	귀금속	17	2.2	1.4	1.7	3.2
9	광물성 연료	16	2.1	1.0	0.3	0.8
10	고무	15	1.9	11.8	11.1	6.8
–	총수출액	784	100.0	9.5	7.8	4.9

출처: 經済産業省 (2013). 通商白書 2013. 勝美印刷에서 인용

자동차 분야에서는 모터사이클의 점유율이 급격히 떨어지고 있다. 승용차는 글로벌 금융위기까지 안정적인 성장세를 보였으나 그 이후 점유율이 하락하고 있는 상황이다. 마지막으로 정밀기계의 주요 수출품 중에서는 렌즈 · 프리즘 분야에서 일본의 비중이 크게 낮아지고 있다. 액정디바이스, 광파이버 등도 하락하는 추세이다.

(2) 일본의 무역(수출)특화지수

다음으로 무역(수출)특화지수를 이용하여 일본의 수출경쟁력을 확인해 보도록 하자. 무역(수출)특화지수는 각 산업이 어느 정도 수출에 특화(수출초과)되어 있는지를 나타내는 지표로, 「1」은 완전수출특화, 「0」은 수출입균형, 「−1」은 완전수입특화를 의미한다. 따라서 특정산업의 무역(수출)특화지수가 「1」에 가까울수록 수출경쟁력이 있는 것으로 간주한다. 무역특화지수는 무역흑자액/무역총액=(수출−수입)/(수출+수입)으로 산출한다.

일본 무역특화지수의 장기적인 추이를 살펴보면 점진적으로 하락하는 추세이다. 각 분야별로 구분해서 보면 자동차, 철강의 무역특화지수는 안정적인 추이를 보이고 있다. 일반기계는 1990년대 하락했다가 2000년대에 다시 증가하는 추세이지만, 전기기계와 정밀기계는 하락하고 있다. 대표적으로 높은 수준의 무역특화지수를 보이고 있는 자동차 분야를 제품별로 살펴보면, 모터사이클과 특수용도자동차는 다소 감소하는 경향을 보이고 있지만, 수출액 대부분을 차지하고 있는 승용차와 화물자동차 그리고 10인승 이상의 자동차(버스 등) 등은 높은 수준을 유지하며 일본 수출을 견인하고 있다.

표 6-2 일본 주요 수출품의 무역특화지수(2011년)

순위	항목	수출액 (10억 달러)	비중(%)	무역특화지수		
				1990년	2000년	2011년
1	일반기계	171	21.9	0.64	0.42	0.45
2	자동차	148	18.9	0.79	0.79	0.79
3	전기기계	129	16.5	0.71	0.41	0.17
4	정밀기계	46	5.8	0.55	0.42	0.29
5	철강	42	5.4	0.34	0.58	0.58
6	플라스틱	30	3.9	0.37	0.33	0.33
7	유기화학품	25	3.1	0.10	0.19	0.13
8	귀금속	17	2.2	−0.86	−0.59	0.11
9	광물성 연료	16	2.1	−0.96	−0.96	−0.89
10	고무	15	1.9	0.46	0.53	0.33
−	전 품목	784	100.0	0.10	0.11	−0.04

"일본 무역적자 기조 고착화 우려"

일본의 무역적자 기조가 고착화할 우려가 있다는 전망이 나왔다. 정호성 삼성경제연구소 수석연구원은 14일 '고착화되는 일본의 무역적자' 보고서에서 "최근 일본의 무역적자는 일본 정부가 주장하는 '일시적 현상'이 아니라 장기적이고 구조적인 문제"라고 지적했다. 보고서는 일본이 지난해 8조2천억 엔으로 사상 최대의 무역적자를 기록한 데 이어 올해 상반기에도 전년 수준을 상회하는 4조8천억 엔의 무역적자를 보이면서 무역대국의 위상을 위협받고 있다고 지적했다. 보고서가 꼽은 적자 확대 요인은 수출 회복 지연과 수입 확대다. 엔저가 수입은 늘렸지만, 수출경쟁력 향상으로는 연결되지 않았다는 것이다.

수출 증가폭이 제한적인데다 제품의 글로벌 경쟁력도 예전 같지 않고, 엔저 효과가 원료(철, 비철)와 자동차 등 일부 품목에 한정되는 등 구조적 요인이 복합적으로 작용해 수출 회복이 지연되고 있다고 보고서는 분석했다. 수입 확대의 주범으로는 후쿠시마 원전 사고 이후 화력발전이 늘어 수요가 많아진 광물성 연료가 지목된다. 그러나 보고서는 소비자의 기호나 생활양식이 변하면서 수입이 늘어난 스마트폰, 의약품, 의류, 자동차 등도 큰 영향을 미친 것으로 봤다.

보고서는 일본이 'J-Curve' 효과로 하반기 이후 수출 회복세를 보이겠으나 무역적자의 근본적 개선에는 상당 기간이 소요될 것이라는 의견을 내놨다. 무역적자 구조가 굳어질 가능성이 크다는 것이다. 무역적자가 심화할 경우 시장의 예측보다 빨리 일본 경상수지의 적자 전환이 발생할 소지가 있다고 보고서는 덧붙였다.

또 한국의 경우 올해 상반기 사상 최대의 경상수지 흑자가 확실시되는 등 고무적인 상황이지만, 일본과 무역구조가 유사하고 주력제품 의존도가 높다는 점 등에서 일본의 무역적자를 반면교사 삼을 필요가 있다고 지적했다.

출처: 연합뉴스 (2013.08.14).

CHAPTER 07

국민소득

CHAPTER 07

국민소득

1. 국민소득의 이해

1) 잘 사는 기준

우리가 생각하는 잘 산다는 기준은 무엇일까? 경제적 관점에 잘 사는 기준은 소득이다. 나보다 많은 소득이 있는 사람을 더 잘 산다고 하는 것처럼. 나라경제도 마찬가지로 국민 모두의 소득이 얼마인가라는 기준이 잘 사는 척도가 된다. 그렇다면 국민소득은 어떻게 알아내야 할까? 단순하게 생각하면 국민 한 사람 한 사람이 얼마를 버는지 빠짐없이 알아낸 다음 그것을 모두 합하면 구할 수 있다. 그렇지만 이런 과정을 거쳐 국민소득을 계산하기에는 너무나 많은 비용과 시간이 소요된다. 그래서 국민 모두의 소득을 대신하여 흔히 GDP(Gross Domestic Product, 국내총생산)라는 개념을 자주 사용한다. 소득과 생산이 엄연히 다른데도 불구하고 같은 의미로 사용하는 이유는 그 나라 국민이 생산한 재화와 서비스는 결국 그 나라 시장에서 거래되어 그것을 생산한 국민의 소득으로 되돌아온다고 간주하기 때문이다.

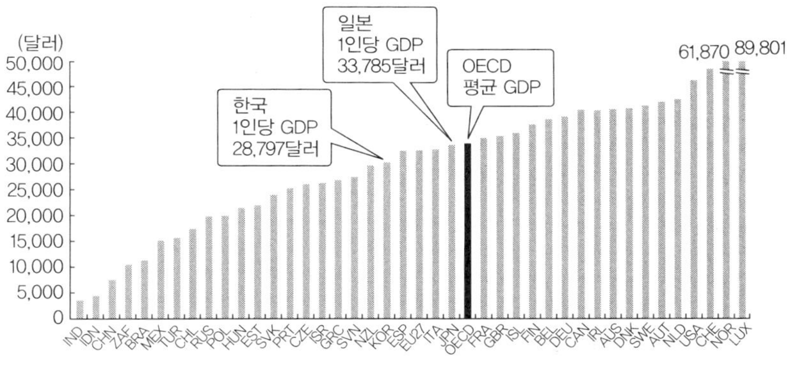

그림 7-1 주요 국가의 1인당 GDP(2011년 기준)

출처: Organization for Economic Cooperation & Devel (2013). OECD Factbook 2013. Organization for Economic Cooperation & Devel.

한 나라의 경제규모를 나타내는 지표는 여러 가지가 있지만, 크게 플로(flow)와 스톡(stock)으로 구분할 수 있다. 플로는 흐름, 유입, 유동 등 다양한 뜻이 있지만 스톡과 함께 쓰일 때는 유량(流量)으로 표현한다. 그리고 일정기간, 가령 1년간 경제활동 성과를 나타내는 것으로 연속되는 기간의 흐름을 파악하는 개념이다. 반면 스톡은 재고, 저장 등의 의미가 있지만 경제학에서는 저량(貯量)으로 이해한다. 쉽게 말하면 저수지에 담겨 있는 저수량이 스톡(貯量)이라면 한 달 혹은 1년 동안 흘러내린 물의 양은 플로(流量)라고 보면 된다. 마찬가지로 어떤 사람이 지금 소유하고 있는 총 재산은 스톡이고, 한 달 혹은 1년 동안 벌어들인 돈은 플로인 것이다.

따라서 일정 기간 동안 만들어진 재화와 서비스의 순산출물을 모두 더한 국민소득은 플로의 개념이다. 반면 국부(國富)는 특정시점에서 지금까지 쌓인 부=자산의 잔액이므로 스톡에 해당한다. 스톡은 매년 플로의 축적으로 형성된 것으로, 앞으로의 경제성장을 지탱해 나가는 버팀목 역할을 하게 된다. 따라서 과거의 생산 활동으로 스톡이 얼마나 쌓여 있고 지금 그것을 어느 정도 이용할 수 있는지를 아는 것이 매우 중요하다.

2) '어디'보다 중요해진 '누가'

국내총생산(GDP ; Gross Domestic Product)은 '일정 기간 동안 자국 내에 거주하는 생산자가 새롭게 생산한 재화와 서비스의 가치를 시장가격으로 평가하여 합한 총액'이라고 정의한다.

여기서 말하는 '일정기간 동안'이란 보통 1년을 의미한다. 앞서 언급한 대로 플로의 개념으로 유량(流量)의 합을 구하는 대상 기간을 1년으로 설정하는 것이다. 따라서 어떤 한 해의 국내총생산에는 해당 연도에 새로 만들어진 상품의 가치만을 포함하는 것으로, 그 이전에 만들어져 쌓여 있는 스톡 개념의 상품가치는 인정하지 않는다.

그리고 국내총생산의 의미를 다른 유사한 경제지표와 구분하여 정확하게 이해하기 위해서는 위의 정의에서 밝힌 '자국 내에 거주하는 생산자'라는 표현에 주의해야 한다. 즉 생산하는 사람이 누구든지 한 나라 안에서 이루어지는 생산활동에 의해 만들어진 생산물의 가치를 모두 포함한다는 뜻이다. 따라서 한국에 진출한 일본기업이 생산한 상품의 가치도 우리나라의 국내총생산에 들어간다. 그러나 반대로 일본에서 활동하는 한국기업이 생산한 상품의 가치는 포함되지 않는다.

어떤 의미에서는 국내총생산의 정의 중에서 '새롭게 생산해낸 재화와 서비스의 가치'라는 부분이 가장 중요할 수도 있다. 왜냐하면 일정 기간에 생산된 생산물에서 반드시 중간투입물의 가치를 빼야 하기 때문이다. 추가된 가치, 즉 부가가치만을 인정한다는 의미이다. 예를 들어 농가와 제분업자 그리고 제과점만 존재하는 국민경제가 있다고 가정해 보자. 농가는 밀을 생산하여 제분업자에게 그것을 판매하여 10억 원의 매출을 올린다. 다음으로 제분업자는 제분한 밀가루를 제과점에 판매하여 15억 원의 매출을 올린다(여기에는 농가로부터 사온 밀 대금 10억 원이 포함되어 있다). 제과점은 그 밀가루를 사용하여 빵을 만들어 판매하여 25억 원의 매출을 올린다(마찬가지로 여기에는 제분업자로부터 사온 밀가루 대금 15억 원이 포함되어 있다). 이것이 국내에서 이루어진 경제활동의 전부라고 가정해 보자. 그러면 매출(생산)총액은 10+15+25=50억 원이 된다. 그러나 이렇게 모두 합산하면 상품을 만드는 데 원재료로 사용된 중간투입물의 가치가 중복 계산된다. 즉 농가의 밀은 3번, 제분업자의 밀가루는 2번 중복해서 계산된다. 따라서 정확하게 어느 정도의 가치가 새로 생산되었는가를 계산하기 위해서는 합계금액에서 제과점의 원재료(중간투입물)인 밀가루와 제분업자의 원재료인 밀의 가치를 제외시켜야 한다. 따라서 농가 · 제분업자 · 제과점이 새로 생산한 실제 생산액(국내총생산)은 10+(15−10)+(25−15)=25억 원이 되는 것이다.

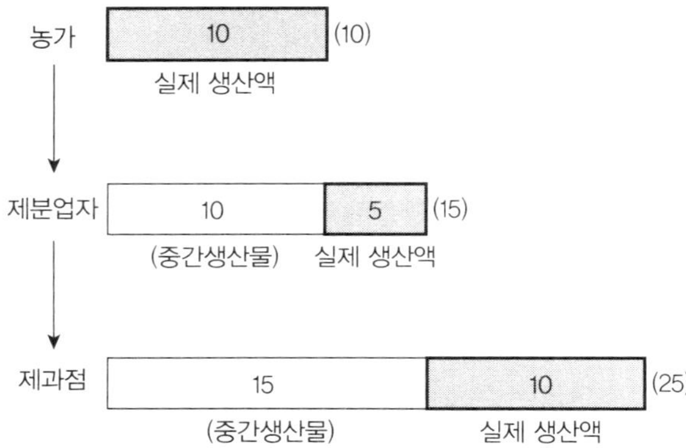

그림 7-2 국내총생산(GDP)의 개념

국내총생산이 생산 측면에서 국민소득을 측정한 것이라면 분배 측면에서 국민소득을 측정한 것은 국민총소득(GNI ; Gross National Income)이다. 두 경제지표의 중요한 차이는 '국내'와 '국민'이다. 즉 국내총생산은 자국 내에서 생산한 상품의 가치를 의미하는 반면, 국민총소득은 그 나라 국민이 벌어들인 소득의 합계를 말한다. 다시 말해 앞서 확인한 대로 국내총생산은 누가 생산을 하든지 그것이 자국 내에서 이루어진 생산이면 모두 포함시키지만 국민총소득은 그 소득의 주체가 누구인지를 계산의 기준으로 삼는다.

이렇게 국민소득을 계산하면서 '어디(국내)'와 '누구(국민)'를 굳이 구분해서 사용하려는 것은 오늘날 국경을 넘어 자본과 노동이 이동하는 것이 너무 자연스러운 일이 되어버렸기 때문이다. 뿐만 아니라 그러한 추세는 전 세계적으로 확산되면서 그 속도가 빨라지고 있다. 따라서 두 지표는 필요와 목적에 따라 구분해서 사용되고 있다. 국내의 경기 동향과 종합적인 경제활동 상황을 보다 정확하게 파악하기 위해서는 국내의 개념, 즉 국내총생산을 주로 사용한다. 외국에 진출하는 기업이 점차 증가하는 추세이기 때문에 이들 기업이 실제 활동하는 무대인 해당 국가의 고용과 국민소득에 지대한 영향을 주고 있다. 반면 국민총소득은 한 나라 국민의 생활수준이 어느 정도인지를 알아보는 데 주로 활용된다.

3) 명목과 실질의 엄청난 차이

국민소득을 계산할 때 주의해야 하는 것이 '명목'과 '실질'의 차이다. 명목 국내총생산은 시가(時價)로 계산한 상품의 가치를 나타나는 반면 실질 국내총생산은 물가수준을 고려하여 특정 시기 물가를 기준으로 생산액을 산출한다. 국내총생산을 명목으로 계산하면 생산량이 증가하는 경우뿐 아니라 가격만 상승해도 커지게 된다. 그러나 특정 연도의 가격으로 평가하는 실질 국내총생산은 가격을 고정시켜 놓았기 때문에 반드시 생산량이 늘어나야 커지게 된다.

예를 들어 특정 연도의 국내총생산이 100만 원이었고 실제 생산된 상품량은 100단위였다고 가정해 보자. 그런데 다음 해에 국내총생산(명목)이 200만 원으로 두 배 증가했지만 실제 생산된 상품량은 지난해와 같은 100단위 그대로였다. 즉 1년 사이에 물가가 두 배 오른 것이다. 이 경우 물가상승을 고려하지 않고 국내총생산을 시가로 평가하여 두 해를 비교하면 경제규모는 두 배로 확대되게 된다. 그러나 물가상승을 고려하여 실질로 비교하면 경제규모는 변함이 없는 것으로 나타난다(실질 국내총생산은 100만 원). 따라서 명목 경제성장률(국내총생산 증가율)은 100%가 되지만 실질 경제성장률은 0%가 된다.

이처럼 국내총생산을 명목과 실질로 구분해서 사용하는 것은 각각의 쓰임새가 다르기 때문이다. 전체 경제규모와 1인당 국민소득 등을 파악하기 위해서는 명목으로 산출된 수치를 보고 판단하지만, 일정 기간 동안의 경제성장률 추이를 살펴보거나 장기적으로 국민경제 동향이 어떻게 변화하였는지를 알아보는 데는 주로 실질로 계산된 통계치를 사용한다.

장밋빛 GNI에 안주할 때 아니다

실질 소득 증가 4년래 최고. 민간소비 살릴 대책 나와야

한국 경제에 청신호를 보내는 경제지표가 나왔다. 한국은행이 5일 발표한 '2/4분기 국민소득'에 따르면 실질 국민총소득(GNI)은 전분기보다 2.9% 늘었다. 2009년 2/4분기(4.8%) 이래 최고치다. 실질 GNI는 우리 국민이 국내외에서 벌어들인 소득의 실질 구매력을 보여주는 지표로 작년 3/4분기(0.7%), 4/4분기(0.3%), 올해 1/4분기(0.8%) 등 3분기 내내 0%대로 바닥을 기었으니 실감날 만도 하다.

이번 2%대 증가율은 불확실한 L자형 경기불황 터널에서 보이는 한줄기 빛과 같은 희소식이 아닐 수 없다. 한국 국민이 외국에서 벌어들인 소득에서 외국인이 한국에서 번 소득을 뺀 국외순수취요소소득(실질)이 전분기 1조2,000억 원에서 1조6,000억 원으로 증가한 것도 한몫했다.

같은 날 사상 최저 금리로 외국환평형채권을 발행한 것도 희소식이다. 10억 달러 규모의 미국 달러화 표시 외평채 10년물을 미국 국채 10년물 금리 대비 115bp(1bp=0.01%포인트) 가산된 4.023%, 표면금리로는 3.875%로 발행한 것이다. 미국 국채 대비 가산금리가 115bp로 적게 붙은 것이나 표면금리가 3%대로 내려온 것은 사상 처음이다.

2008년 금융위기 직후인 2009년 4월에만 해도 10년 만기 15억 달러 상당의 외평채 발행금리는 7.260%, 표면금리는 7.125%였다. 격세지감이 아닐 수 없다. 이는 국제금융시장에서 한국 경제의 펀더멘털이 양호하다고 본 것이다. 전 세계로 번진 경기불황 속에서도 한국이 상대적으로 선방하고 있다는 얘기나 다름없다. 더욱이 미국의 출구전략 이행에 따른 아시아 신흥국의 금융불안, 시리아 사태 등 대외 리스크 요인이 큰 상황이다.

그러나 대외 변수를 보면 쾌재를 부를 상황은 아니다. 한국의 금융시장이 다른 신흥국과 달리 건전성을 보이긴 해도 여전히 주변국과 조율되지 않은 미국의 출구전략이 꿈틀대고 있어 한국에 어떤 불똥이 튈지 장담할 수 없다. 우리나라의 수출비중을 30% 가까이 책임지고 있는 중국의 긴축재정이나 우리 수출의 가격경쟁력을 떨어뜨리는 일본 아베노믹스의 성패 여부도 계속 들여다봐야 할 변수다. 세계경제포럼(WEF)이 2013년 국가경쟁력 평가에서 한국의 순위를 6단계 떨어진 25위로 설정한 것도 찜찜하긴 마찬가지다.

정부소비 의존적인 내수경기도 눈여겨봐야 할 대목이다. 민간소비가 0.7% 늘어난 반면 정부소비 증가율은 2.4%로 확대됐다. 그만큼 국내의 경기를 살릴 민간의 활력이 부실하다는 얘기다. 소득 양극화는 더 문제다. 실질 GNI가 높아졌다고 해서 다수 국민에게 그 혜택이 돌아갔다고 보기 어려운 이유다. 1,000조 원에 육박하는 가계부채 하나를 놓고만 봐도 서민들이 소비에 쓸 수 있는 가처분소득은 오히려 줄었다. 해법은 식어가는 한국 경제의 엔진에 불을 댕길 성장에 달렸다. 국회에 기업을 옥죄는 법안들이 수두룩한데 기업들이 제대로 불을 붙이겠나.

출처: 파이낸셜뉴스 (2013.09.06).

2. 일본의 국민소득

1) '소득배증계획'이 다시 부활할 수 있을까

1960년 당시 이케다(池田) 내각은 '국민소득배증'을 골자로 하는 장기경제계획을 발표하면서 다음 해인 1961년부터 10년 동안 명목 국민소득(국내총생산)을 26조 엔으로 두 배 늘린다는 목표를 세웠다. 이케다(池田) 총리는 국민들에게 '10년 후에 월급이 두 배가 된다'고 알기 쉬운 설명도 곁들였다(사실 국내총생산이 두 배가 된다고 해서 급여가 두 배가 되는 것은 아님). 이러한 소득배증이라는 경제정책 문제로 국민통치를 실현한 것은 일본정치의 획기적 전환을 의미하기도 한다. 이 계획은 도로, 철도, 공업용지 등 산업기반의 공공투자를 중심으로 이루어졌으며, 사회복지 증진과 농업보호에도 일정 예산을 투자함으로써 연평균 7.2%의 경제성장률을 상정하고 있었다. 그러나 실제로는 계획기간(1961~1970년) 동안 연평균 10.9%의 높은 성장률을 달성했다. 국민 1인당 소비지출도 10년 사이 2.3배 증가하면서 구미 여러 나라로부터 '동양의 기적'이라는 칭송을 받았다. 이 계획이 당초 예상기간을 앞당겨 성공할 수 있었던 배경에는 이미 1955년부터 시작되어 1973까지 이어졌던 경제의 고도성장이 있었다.

2013년 6월 아베(安倍) 총리는 50년 전 일본 국민의 자신감을 회복시켰던 '소득배증계획'의 제2탄이라고 할 수 있는 '소득 10년 후 150만 엔 증가'라는 새로운 성장전략을 발표했다. 이 목표를 달성하기 위해 외국기업의 일본 투자를 2020년까지 지금의 두 배에 해당하는 35조 엔으로 확대하고, 전력시스템 개혁과 국가전략 특구도 마련한다는 계획이다. 또한 2020년까지 인프라 수출을 현재의 3배에 달하는 30조 엔으로 늘리는 한편 63조 엔 규모의 민간투자를 3년 안에 70조 엔으로 회복시킨다는 야심찬 목표도 포함시켰다. 이 계획은 1인당 국민총소득(GNI)이 지속적으로 3% 이상 성장한다는 것을 전제로 하고 있다. 그러나 성장 일변도의 길을 걸어왔던 일본의 1인당 국민총소득은 1991년 이후 단 한 번도 3%를 넘은 적이 없다. 마이너스 성장도 여러 차례 경험했다. 1960년에 일본 경제 부활의 불씨를 살렸던 '소득배증계획'이 다시 부활하기는 어려워 보인다.

2) 일본은 잘 사는 나라인가

1인당 GDP와 GNI를 다른 나라와 서로 비교하기 위해서는 미리 알아두어야 할 몇 가지 주의사항이 있다. 정의(통계 개정시기의 차이, 환율 적용시점 등)를 어떻게 하느냐에 따라 발표하는 기관과 시기별로 결과와 순위가 달라지기 때문이다. 2012년 12월에 갱신한 UN 통계에 따르면 2011년 일본의 순위는 1인당 GDP는 23위, 1인당 GNI는 22위이다. 일본 경제가 풀어야 할 과제를 언급하며 종종 이러한 일본의 낮은 순위가 도마 위에 오르기도 한다. 그러나 실제 1980년대 이후 전통적인 주요 선진국(미국, 독일, 프랑스, 영국, 일본)이 10위 이상의 높은 순위에 오른 경우는 매우 드문 일이다. 2011년 기준으로 보더라도 1위는 모나코이고 우리에게는 너무나 낯선 리히텐슈타인과 버뮤다가 그 뒤를 잇고 있다. 이처럼 상위에 올라있는 나라는 대체로 인구가 적은 나라가 대부분이다. 상위 10위 국가 중 인구 1,000만 명이 넘는 나라는 오스트레일리아 단 하나뿐이다. 더구나 오스트레일리아 인구도 2,263만 명으로 세계 52위이기 때문에 '인구소국'은 아니더라도 '인구대국'이라고 할 수는 없는 수준이다.

표 7-1 1인당 GNI 상위 20개국(2011년) (단위: 달러)

순위	국명	1인당 GNI	인구 순위	순위	국명	1인당 GNI	인구 순위
1	모나코	167,021	199	11	마카오	59,134	166
2	리히텐슈타인	138,751	200	12	스웨덴	58,140	92
3	버뮤다	114,449	194	13	산마리노	56,364	202
4	노르웨이	100,292	118	14	케이맨제도	52,185	196
5	스위스	87,977	96	15	네덜란드	50,650	61
6	카타르	83,261	148	16	캐나다	49,686	37
7	룩셈부르크	82,045	169	17	오스트리아	49,516	95
8	오스트레일리아	64,936	52	18	핀란드	49,152	115
9	덴마크	61,485	112	19	싱가포르	49,009	116
10	쿠웨이트	61,039	136	20	미국	48,585	3
22	일본	48,084	10	25	프랑스	43,446	21
23	독일	44,682	15	30	영국	39,308	22

출처: UN 홈페이지

사실 인구가 적은 나라는 높은 소득을 유발하는 특정 분야에 크게 의존함으로써 나라 전체의 1인당 국민소득을 끌어올리는 경우가 많다. 인구가 적다고 1인당 GNI가 필연적으로 높아지는 것은 아니다. 그러나 소득이 높은 산업의 발달 등의 조건을 갖춘 특정 '인구소국'의 경우에는 인구가 적기 때문에 특정 일부 분야에서 유발되는 높은 소득으로 나라의 많은 다른 부분을 충당할 수 있게 되어 나라 전체의 1인당 GNI도 한층 더 높은 수준에 도달하게 된다. 반면 인구가 많은 나라에서는 소득이 높은 일부 산업이 존재한다 하더라도 그것에만 의존하여 나라 전체의 부족한 다른 분야를 충당할 수 없다. 결국 인구가 많은 나라는 다양한 분야로 경제자원이 분산되는 산업구조가 되기 때문에 특정 '인구소국'과 같이 1인당 GNI가 현저하게 높아지기 어렵다.

결론적으로 유엔이 발표한 1인당 GNI 순위를 기준으로 살펴보면, 인구가 억 명 단위이면서 1인당 소득이 손색이 없을 정도로 높은 나라는 미국과 일본 정도밖에 없다. 특히 일본의 약 2.5배 규모의 인구를 보유하고 있는 미국이 높은 수준의 1인당 GNI를 달성하고 있는 것은 놀라운 일이다. 무엇보다 경쟁원리를 중시하는 한편 신규분야에 대한 적극적인 도전 등을 통해 자원을 재분배함으로써 생산성과 효율성을 향상시키는 구조가 경제시스템에 내재되어 있기 때문일 것이다.

일본의 소득수준을 국제적으로 비교하는 또 다른 지표를 확인해 보자. 앞서 살펴본 것처럼 전 세계 국가를 대상으로 한 자료가 아닌, 선진국 모임이라고 할 수 있는 OECD국가를 상대적으로 비교한 지표를 통해 일본의 소득수준 변화를 살펴본다.

1인당 GDP 기준으로 보면 지난 1993년에 룩셈부르크에 이어 2위에 올랐던 일본이 2011년에는 OECD국가 평균보다도 낮은 수준까지 떨어졌다. 한국과의 차이도 약 5천 달러로 좁혀졌다.

주요 선진국 중에서도 1980년대 후반 이후 일본의 저성장 기조가 확연하게 드러난다. 일본은 1990년대는 물론 2000년대에 들어와서도

OECD평균에도 크게 못 미치는 경제성장률을 달성했다. 실제 일본의 1인당 GDP와 GNI는 1990년대 들어오면서부터 더 이상 증가하지 않고 있다. 1인당 GNI의 경우 1973년을 100으로 했을 때 2012년 현재 수준은 지난 1990년에 달성한 300 정도의 수준에 머물러 있는 상태이다.

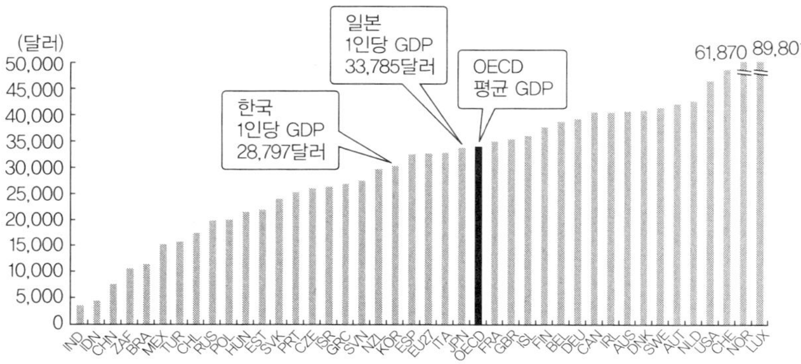

그림 7-3 OECD 국가의 1인당 GDP(2011년 기준)

출처: Organization for Economic Cooperation & Devel (2013). OECD Factbook 2013. Organization for Economic Cooperation & Devel.

표 7-2 OECD 실질 경제(GDP)성장률 비교 (연평균, %)

국명	1988~98년	1999~2008년	2009~2012년
일본	2.0(2.9)	1.1(▲0.2)	0.0(0.0)
미국	3.1(5.6)	2.5(5.0)	0.8(1.6)
독일	2.4(4.9)	1.5(2.4)	0.7(1.8)
영국	2.6(6.3)	2.7(5.0)	0.4(1.9)
프랑스	2.0(3.6)	1.9(3.9)	0.1(1.3)
OECD 평균	2.7(8.0)	2.5(5.2)	0.7(2.2)

주: 괄호 안은 명목성장률

출처: OECD (2012.12). Economic Outlook에서 인용

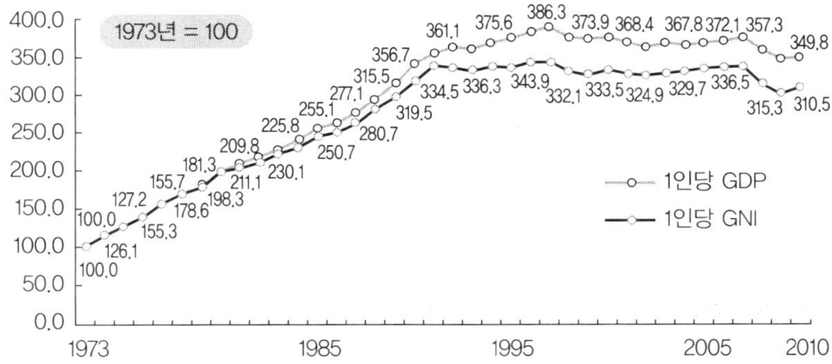

그림 7-4 일본 1인당 GDP와 1인당 GNI 추이(1973년=100)

출처: 日本内閣府 통계를 인용하여 작성

일본은 앞으로 고령화가 비노동력 인구 비율을 끌어올리게 되면 경제가 활력을 잃고 실업자가 늘어날 우려도 있다. 비취업자 인구 증가에 따른 1인당 GNI 저하를 막지 않으면 많지 않은 고소득 사례 국가에서 탈락하게 될 것이다.

인구가 많은 선진국 간의 경제 및 산업구조의 차이는 비교적 작은 편이지만, 그 차이에 주목하면 미국은 비제조업, 일본과 독일은 제조업에 의한 소득기여도가 상대적으로 높게 나타난다. 일본은 주로 지금까지 제조업 분야에서 국가의 중추적인 역할을 수행하는 산업이 만들어진 것이 사실이다. 그러나 적지 않은 제조업 분야에서 한국과 중국의 경쟁력이 높아지면서 일본은 국내 제조업 기반이 크게 흔들리고 있다. 반면 독일의 제조업은 상대적으로 여전히 견실한 상태를 유지하고 있다.

'좋은 물건을 싸게'라는 목표 아래 생산하고 판매해왔던 일본기업들의 공통된 전략은 서로의 경쟁을 더욱 치열하게 만들었고, 이익률을 희생시키면서 시장점유율 확보 측면에서는 강점을 유감없이 발휘했다. 그러나 신흥국의 치밀하면서도 과감한 기술투자와 더불어 제품의 디지털화와 모듈화가 진행되면서 '좋은 물건을 싸게' 공급하는 것이 일본만의 전유물이 아닌 시대가 되었다.

3) 일본의 소득격차는 심각한 수준인가

한 나라의 국민소득을 관찰할 때 그 크기를 측정하여 성장률을 알아보는 것 이상으로 중요한 것이 분배가 얼마나 공평하게 이루어지고 있는가이다. 일본에서 소득격차 문제가 언론에 자주 등장하기 시작한 것은 지난 2006년경이다. 젊은 무직자(NEET)와 시간직 근로자가 늘어나면서 정규직과 비정규직 근로자의 소득격차가 과거에 비해 커졌기 때문이다. 뿐만 아니라 규제완화에 따른 경쟁심화로 이른바 '승자'와 '패자'의 격차가 점차 벌어지고 있다는 지적도 있다. 심각한 불황의 여파로 파견근로자 등 비정규직 근로자의 실직이 급증하면서 소득격차 해소가 정치적 이슈로 떠오르는 경우도 자주 발생하고 있다.

일반적으로 소득격차를 나타내는 대표적인 지표는 소득분배 정도를 나타내는 '지니계수'이다. 지니계수는 0에서 1까지의 범위에서 값이 클수록 격차가 크다는 것을 의미한다. 3년마다 발표되는 일본 후생노동성의 소득재분배 조사결과에 따르면 일본의 지니계수는 2002년 0.4983, 2005년 0.5263, 2008년 0.5318로 조사할 때마다 조금씩 커지고 있다. 그러나 이러한 일본의 지니계수는 미국, 영국, 이탈리아 등 주요 선진국과 비교하면 그다지 큰 편은 아니다.

이러한 소득격차를 나타내는 통계에 대해 일부 전문가들이 반론을 제기하는 경우도 있다. 지니계수는 고령화의 영향이 64%, 독신세대 증가 영향이 25%로 일률적으로 소득격차가 확대되고 있다고 보기 어렵다는 것이다. 젊은 무직자와 시간직 근로자가 증가하는 것에 대해 '부모 세대의 소득격차가 교육기회 격차로 이어져 결국 취업기회의 불평등을 발생시킨다'고 보고 있으나, 1990년대 장기불황의 여파가 젊은 계층에 집중적으로 나타났다는 견해도 있다.

일본에서 1990년대 중후반에 발생했던 소득격차 논쟁은 지난 고이즈미(小泉) 정권 시절에 추진했던 규제완화, 시장중시 정책, 재정건전화 등에 대한 반발로 시작되었다고 볼 수도 있다. 정책을 구태의연한 공공사업 확충과 정부의 규제강화로 되돌려 문제를 해결하려는 것은 곤란하다. 최근 젊은이들의 취업지원과 학습기회 확충에 대한 심도 깊은 논의가 진행되고 있다. 그 대표적인 사례가 최저임금 인상과 육아지원 등이다. 그러나 정부의 재정적 지원만으로 빈곤층을 구제하는 것은 한계가 있다. 소득격차를 해소하는 지름길은 잠재경제성장률을 끌어올려 성장의 혜택을 받을 수 있는 계층의 폭을 넓혀나가는 것이다.

1인당 GNI 2만 → 3만 달러 日은 4년만에 달성했는데…

英은 8년, 美는 10년 걸려. 韓, 2007년 2만 달러 돌파 뒤 5년간 겨우 1,076달러 올라

우리나라의 2012년 1인당 국민총소득(GNI)이 2만2,708달러로 전년 대비 257달러(1.0%) 늘어나는 데 그쳐 한국경제가 '국민소득 2만 달러'의 장벽을 언제쯤 뛰어넘을 수 있을지 관심이 쏠리고 있다.

26일 한국은행에 따르면 우리나라는 지난 2007년 1인당 GNI가 2만1,632달러를 기록하며 사상 처음 2만 달러를 넘어선 후 5년 동안 겨우 1,076달러 오른 것으로 나타났다. 2만 달러를 돌파한 지 5년 동안 사실상 제자리걸음을 해온 것이다. 이에 따라 전문가들은 1인당 GNI가 3만 달러에 진입해 선진국 대열에 들어가기까지 상당한 기간이 소요될 것이란 분석이 나온다. 특히 다른 선진국에 비해 3만 달러 도입 기간이 길어지면서 중진국 함정에 빠지는 것 아니냐는 우려도 적지 않다.

세계은행에 따르면 일본의 경우 1988년(2만4,480달러) 1인당 GNI가 2만 달러를 넘어선 지 4년 만인 1992년(3만200달러)에 3만 달러를 돌파했다. 우리가 2만 달러에서 맴돌고 있던 5년보다 짧은 기간에 3만 달러를 돌파한 것이다.

미국은 1987년에 1인당 GNI가 2만680달러로 2만 달러를 넘어섰고, 1997년에 3만250달러로 10년 만에 3만 달러를 넘어섰다. 영국은 8년(1996년→2004년) 만에 2만 달러에서 3만 달러 시대에 들어섰다.

문제는 이들 국가와 우리나라의 2만 달러는 상당한 차이가 있다는 점이다. 일본과 미국이 3만 달러에 도달한 1990년대 세계의 1인당 GNI는 4,000~5,000달러였다. 하지만 2011년 현재 세계 1인당 GNI는 9,511달러로 그 당시의 2배다. 같은 3만 달러라도 실질 가치로 따지면 절반 수준에 불과한 것이다.

또 세계 각국이 1인당 GNI 2만 달러를 넘어서면서 성장률이 떨어지는 모습을 보여왔다는 점도 우려를 낳고 있다. LG경제연구원에 따르면 주요 7개국(G7)의 평균 성장률은 2만 달러 이전 2.8%에서, 이후 2.4%로 떨어졌다.

비G7 국가의 경우 2만 달러 이전 3.5%에서, 이후 3.0%로 하락했다. 우리나라는 지난해 2.0%의 성장에 그친 데 이어 올해도 2.8%의 저성장에 그칠 것으로 예상된다.

출처: 문화일보 (2013.03.26).

CHAPTER 08

경기변동

CHAPTER

08 경기변동

1. 경기변동의 이해

1) 경기가 좋은지 어떻게 알 수 있나

사전에서 '경기'가 무엇인지를 찾아보면 ① 매매와 거래 따위에 나타난 경제활동 상황, ② 경제활동이 활발하여 돈이 잘 도는 상황이라고 되어 있다. 다시 말해 주로 상태나 모양을 나타내는 막연한 의미로 쓰이고 있다고 할 수 있다.

경기를 이해하는 데 중요한 것은 경기가 좋은지 나쁜지를 판단하는 기준이 되는 잣대를 분명하게 하는 것이다. 이 잣대는 개인의 경우에는 소득이 될 것이며 기업이라면 매출과 수익이 여기에 해당된다. 그러나 또 다른 경제주체인 나라 전체의 잣대를 찾는 일은 결코 쉽지 않은 일이다. 왜냐하면 물건을 얼마나 만들어 냈는가라는 생산 측면, 어느 정도 사용했는가라는 소비 측면, 얼마나 많은 사람이 일자리를 찾았는가라는 고용 측면, 산업별로는 또 어떻게 다른지 등의 다양한 측면에서 측정이 가능하기 때문이다. 결국 이러한 다양한 측면에서의 방대한 경기관련 지표를 어떻게 조합해서 하나의 잣대로 만들 것인가가 경기판단의 결정적 수단이 된다.

일반적으로 경기가 좋아지면 경제활동에 있어서 재화와 서비스의 매매가 활발해지고, 각 기업의 매출과 이익도 같이 증가한다. 생산이 수요증가를 쫓아가지 못해 상품가격이 오르기 때문에 판매자의 이익은 그만큼 커진다. 이익을 낼 것으로 판단되면 각 기업은 생산을 증가시킬 체제에 돌입하게 되고 인력이 부족해지면서 생산자는 고용을 늘린다든지 잔업을 확대하게 된다. 생산을 늘리기 위해 설비투자를 늘리는 한편 종업원의 급여와 상여금을 올린다든지 주주에 대한 배당금을 높게 설정하게 된다. 소득이 늘어난 근로자는 소비와 저축을 보다 적극적으로 하게 되어 나라 전체의 경기를 더 끌어올리게 된다.

반면 불황이 되면 물건이 팔리지 않아 이익은 감소하고 상품 가격도 내려갈 조짐이 나타난다. 생산 감소로 인력에 여유가 생기게 되기 때문에 인원감축과 같은 구조조정 사례가 증가하면서 실업자가 늘어난다. 경영부진에 허덕이는 기업은 도산 위험에 처하게 되어 취업은 점점 어려워진다. 이처럼 경기의 좋고 나쁨은 우리들의 살림살이에 직접적인 영향을 준다.

그런데 경기는 호황→후퇴→불황→회복의 4국면을 가지고 있다. 왜 경기가 이렇게 순환하는지에 대해서는 다양한 의견들이 있고, 오래 전부터 논쟁이 이어지고 있지만, 결정적인 이론은 아직까지 없다고 보는 것이 맞다. 왜냐하면 경기에 플러스로 작용하는 요인이나 마이너스로 작용하는 요인이 각각 그때마다 다르고, 경험적으로 추측할 수 있을지는 모르지만 이론으로 정형화시킬 수는 없기 때문이다. 따라서 경기의 움직임은 사후에 설명할 수는 있지만 예측은 정말 어렵다고 할 수 있다.

경기순환은 주기별로 다음과 같은 국면을 맞게 된다.

- **호황기**: 생산증대 → 투자와 고용증가 → 유효수요증대 → 물가 · 금리 상승
- **후퇴기**: 유효수요감소 → 생산축소 → 실업증가 → 물가 · 금리 하락
- **불황기**: 생산정체→대량실업→물가하락→저금리
- **회복기**: 생산회복→고용증가→소득증가→물가 · 금리 상승

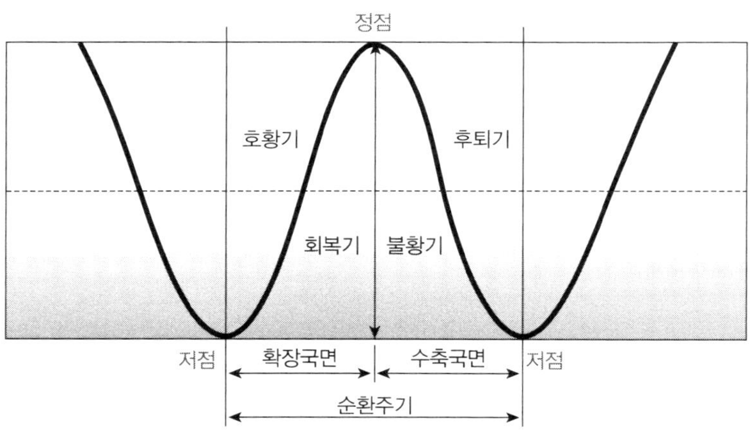

그림 8-1 경기의 순환

표 8-1 경기 순환 국면별 경제지표 변화

구분/국면	확장기(호황)	후퇴기	수축기(불황)	회복기
생산	최대	감소	최소	증가
물가	최고	하락	최저	상승
고용 · 소득	최대	감소	최소	증가
이자율	최고	하락	최저	증가
투자 · 소비	최고	감소	최소	증가
주식가격	최고	하락	폭락	상승
재고 · 실업	최소	증가	최대	감소

2) 경기동향을 파악하는 방법

경기는 단순히 호황과 불황이 교차하면서 반복적으로 나타나는 것이 아니라 각 순환과정의 주기와 진폭이 서로 다르게 나타나고, 한 주기 안에서도 호황과 불황의 길이가 다르게 나타난다. 뿐만 아니라 경기순환은 다양한 경제활동의 순환적 변동을 집약한 것이기 때문에 특정 통계자료에 의존해서 경기의 흐름을 판단할 경우, 나무만 보고 숲을 보지 못하는 것과 같은 잘못을 범할 가능성이 높아진다. 그런 의미에서 경기(景氣)와 경기(競技)는 비슷한 측면이 많다. 가령 지금 진행되고 있는 축구 경기 상황이 어떻고, 앞으로 이 경기가 어떻게 전개될지를 예측하기 위해서는 이미 축적된 승패결과는 물론 지금 상황을 종합적으로 판단하기 위한 별도의 판단자료가 필요할 것이다. 경우에 따라서는 상대팀 선수를 포함한 모든 선수의 움직임을 통계화한 자료를 면밀하게 분석해야 할지도 모른다.

그리고 개별 경제활동(생산, 고용, 소득, 소비 등)은 동시에 같은 방향으로 움직이는 것이 아니라 그 영향이 상당한 시차(time lag)를 두고 다음 단계로 파급되는 특징도 나타난다. 그렇기 때문에 현재의 경기상황을 진단하거나 앞으로의 경기흐름을 예측하기 위해서는 여러 지표를 활용하여 종합적으로 판단할 필요가 있다. 일반적으로 그 방법으로 주로 쓰이는 것으로 개별경제지표, 종합경기지표, 설문조사, 계량모델이 있다.

그럼 각각의 방법들에 대한 구체적인 내용과 대표적인 지표들이 무엇인지 알아보도록 하자. 먼저 개별경제지표는 가장 기본적인 경기분석 기법이며, 생산, 고용, 수출 등 경기 움직임을 잘 반영한다고 간주하는 개별 경제지표의 추이를 경기변동이론이나 과거의 경험적인 사실 등에 비추어 종합적으로 판단하는 데 활용된다. 그러나 개별경제지표는 경기동향을 파악하는 데는 유용하지만 전체 경기의 움직임을 포괄적으로 파악하기 어려울 뿐 아니라 분석할 때 개인의 주관에 치우치기 쉬운 단점도 있다. 대표적인 지표로는 국민소득통계를 들 수 있지만, 약 2~3개월이 지나야 알 수 있기 때문에 이를 이용해 신속하게 지금의 경기상황을 진단하거나 앞으로의 동향을 예측하기는 어렵다는 단점이 있다. 따라서 월별로 발표되는 각종 경제지표(산업생산지수, 생산자출하지수, 도소매판매액지수, 소비재출하지수, 수출입통계 등)를 이용하여 수요와 생산의 움직임을 주의 깊게 살펴볼 필요가 있다.

둘째 종합경기지표는 경제 각 부문의 동향을 잘 반영해주는 개별 경제지표를 선정하여, 이를 통계적으로 가공 종합한 경기지표(business indicator)로 전반적인 경기의 움직임을 분석하는 데 널리 쓰인다. 다만 경제구조가 빠르게 변화할 경우 경기지표의 경기 대응성이 낮아질 가능성이 높기 때문에 적절한 시기에 구성 지표나 합성 방법 등의 변경을 통해 경기지표를 개편해야 하는 문제점이 있다. 우리나라에서 널리 이용되는 종합경기지표로는 경기종합지수와 경기확산지수가 있다. 특히 경기종합지수는 비교적 가까운 장래의 경기동향을 예측하는 선행지수, 현재의 경기상태를 나타내는 동행지수, 경기의 변동을 사후에 확인하는 후행지수를 만들어 경기판단과 예측에 활용한다.

세 번째 방법은 기업가와 소비자에게 설문조사를 실시하여 지금의 경기동향을 파악하는 것이다. 이 조사방법은 경기에 대한 경제주체들의 판단, 전망 및 계획 등이 국민경제에 중대한 영향을 미친다는 경험적인 사실에 바탕을 두고 있다. 그러나 결과치의 해석이 개인의 주관에 좌우될 가능성이 크고 구체적인 경기전환점의 파악이 어렵다는 단점이 있다. 우리나라의 대표적인 지표로는 기업경기조사와 소비자태도조사가 있다.

마지막으로 계량모델은 각 부문별 경제변수들 간의 인과관계나 상관관계를 방정식 체계로 모형화하고 이를 이용하여 경기를 예측하거나 경제정책 효과를 체계적으로 분석하는 방법이다. 그러나 이 방법 역시 경제 여건이나 구조가 크게 바뀌게 되면 경제변수 간의 관계가 변하여 계량모형에 의해 추정한 결과의 현실 설명력이 떨어질 가능성이 높다는 한계를 가지고 있다.

이상의 경기판단 방법들이 각각의 유용성과 한계성을 같이 가지고 있기 때문에 특정 방법만을 고집하기보다는 여러 방법을 통한 결과를 종합적으로 활용하여 최종적으로 판단하는 지혜가 필요할 것이다.

3) 경기와 버블의 관계

일반적으로 경제학에서 말하는 버블은 어떤 계기로 미래전망에 대한 기대가 만들어지고, 그 기대가 현실로 나타나 그러한 현상이 또 다른 기대를 만들어내는(기대의 자기실현 · 자기증식) 과정 또는 그러한 현상을 가리킨다.

특정 자산(토지나 주식 등)의 가격상승으로 경제 전반의 호황이 한없이 지속될 것 같은 착각에 빠지는 버블현상은 과거 여러 차례 반복해서 나타났었다. 역사적으로는 1634~1637년 네덜란드의 튤립 투기, 1920년대 미국의 토지(플로리다) · 주식(뉴욕) 투기 등이 가장 유명하지만, 그밖에도 소규모 버블이 발생했던 사례는 무수히 많다. 일본도 1880년대 후반 수출급증이 계기가 된 버블현상(주식 · 상품시세 폭등)이 발생했으며, 그 이후에도 여러 차례 비슷한 현상이 일어났다.

사실 버블이 발생하는 밑바탕에는 '그때 우연히 경기가 좋았다' 정도로 생각할 수 있는 현상에 기름을 부어 부추기는 금융기관의 대출이 있다. 이것으로 인해 버블이 도를 넘어 팽창했던 것이 지금까지의 사례에서 나타났던 전형적인 패턴이다. 일본의 최근 사례로는 1970년대 초 다나카(田中) 내각의 '열도개조(列島改造) 붐', 1980년대 후반부터 말까지 부풀어 올랐던 토지와 주식을 중심으로 한 '헤이세이(平成) 버블' 등이 있다.

버블이 발생하는 것과 마찬가지로 붕괴하는 것 역시 어떤 계기로 시작된다. 그러한 메커니즘에 대해 경제학 이론이 완전하게 성립된 단계는 아니지만, 무언가의 이유로 기대가 형성되는 과정에 약간이라도 의

문을 갖게 되었을 때가 바로 분기점이 된다. 일반적으로 자산가격 상승이 투자생산성(투입한 자본이 얼마나 가치를 창출했는가)에 의해 뒷받침된다고 믿고 있는 한 자산가격의 상승은 지속되며, 그러한 신뢰가 흔들리는 순간 하락하기 시작한다. 일본에서 1980년대 후반에 실제 일어났던 것은 투자생산성이 현저하게 낮았음에도 불구하고 자산가격 상승을 투자생산성 상승의 증거로 생각했다는 점이다. 따라서 자산가격은 앞으로 더 오를 것이라는 기대감이 확산되면서 실제 자산가격이 상승하는 과정을 경험했다.

버블의 발생과 붕괴는 그 자체로는 명목적인 가격현상이므로 경기변동으로 볼 수는 없다. 토지와 주식의 가격이 아무리 상승하고 하락하더라도 자동으로 실질 GDP가 커지거나 줄어드는 것은 아니다. 이 점은 많은 사람들이 오해하는 부분이기 때문에 주의가 필요하다. 그러나 버블 발생으로 인한 자산가치의 명목적인 팽창은 금융 측면에서 보더라도 소비와 투자 활동에 지대한 영향을 미치게 된다. 그리고 통상적인 경기순환 규모를 넘어 실질적인 경제활동을 보다 적극적으로 끌어올리는 경향이 있는 것이 사실이다. 반대로 버블 붕괴는 투자와 소비활동을 위축시켜 실질경제에 심각한 상처를 남긴다. 1980년대 중반부터 시작되었던 일본의 버블은 그 팽창 정도가 유별났었던 만큼 1990년대 초부터 이어진 불황의 여파가 오랫동안 심각하게 나타나고 있는 것이다.

[경기흐름 정말 상승 반전했나]

소비, 백화점 매출 7%↑ … 고소득 · 중산층 지갑 열어

수출 이어 내수지표 일제 파란불 … 기업심리 개선이 관건

경기회복 지연에 허리띠를 굳게 졸라매던 소비자들이 최근 들어 지갑을 조심스럽게 여는 조짐이다. 올해 2/4분기 이후 경기가 완만하게나마 개선되는 모습을 보이면서 소비심리가 되살아나고 있는 것이다.

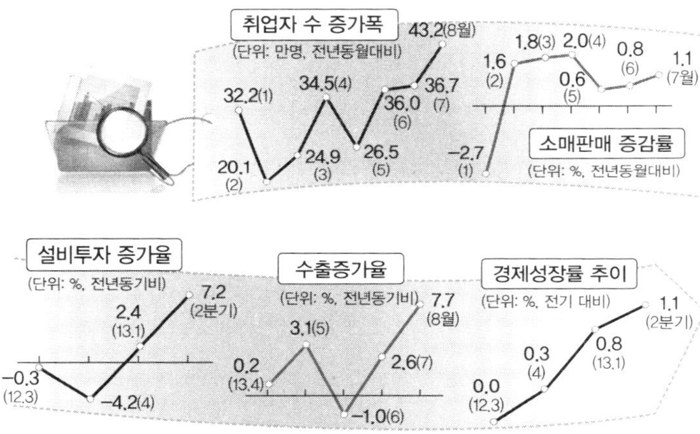

우선 주머니 사정이 상대적으로 좋은 고소득층과 중산층의 씀씀이가 늘고 있다. 지난달 백화점 매출이 전년보다 7.0%가량 증가하면서 한 달 만에 증가세로 돌아선 것이 대표적인 예다. 지난달 신용카드 국내 승인액도 전년보다 7.6% 늘어날 것으로 기획재정부는 예상했다. 이는 올 들어 최대치다. 신용카드 승인액 증가율은 지난 5월 3.6%, 6월 4.1%, 7월 7.2% 등으로 상승 추세다. 여가 내지 문화생활의 척도인 휘발유 판매량도 고온현상으로 인한 피서객 급증에 힘입어 전년보다 11.4% 늘었다. 올해 들어 첫 두자릿수 증가율이다 .

경기변동에 민감한 내구재(승용차 · 에어컨 등) 또는 준내구재(의류 등) 판매가 호조를 보이는 것도 고무적이다. 올해 1/4분기 감소세를 보이던 소매판매는 올해 6월과 7월 전기 대비 각각 0.9%, 1.1% 늘어나는 등 완만한 증가세를 나타내고 있다. 특히 승용차를 포함한 내구재소비증가율이 6월과 7월 2개월 연속 1%대를 기록했다. 6월 전기 대비 1.9% 감소했던 준내구재 소비도 7월 들어 1.6% 증가로 돌아섰다.

하지만 6월부터 본격화된 이상기온으로 여름 의류, 에어컨 판매가 급증한 탓이 크다. 앞으로 얼마나 소비진작이 이어질지는 좀 더 두고 봐야 한다는 얘기다.

다행히 소비심리는 좋은 편이다. 한국은행에 따르면 소비자심리지수는 올해 들어 8개월 연속 100을 웃돌고 있다. 정영식 삼성경제연구소 연구위원은 "향후 소비 개선 여부는 가계부채 문제를 어떻게 해결하느냐에 달려 있다"고 전망했다.

출처: 서울경제 (2013.09.11).

2. 일본의 경기변동

1) 일본에서 경기를 판단할 때

정기적으로 발표되는 경제통계 중에서 경기변동과 밀접한 움직임을 나타내는 지표와 이들 개별 지표를 종합한 것을 경기지표라고 한다. 경기지표는 경기의 변동상황을 통계적으로 확인하여 현재의 국면을 판단할 뿐만 아니라 앞으로의 경기동향을 예측하는 단서가 되기도 한다.

일본에서 경기상황을 판단하거나 앞으로의 경기흐름을 예측하는 데 주로 쓰이는 종합적인 지표에는 경제산업성의 '광공업생산지수', 내각부의 '경기동향지수', 일본은행의 '단기경제관측' 등이 있다.

이 중에서 가장 일반적으로 널리 쓰이는 것이 내각부가 발표하는 경기동향지수이다. 경기동향지수는 생산, 고용 등의 다양한 경제활동 중에서 중요하고 민감한 지표의 움직임을 종합함으로써 현재의 경기를 파악하고 미래를 예측하기 위해 작성되는 종합적인 경기지표이다. 구체적으로는 경기를 반영하는 수많은 경제통계에서 30계열을 추출하여 선행, 동행(일치), 후행의 세 그룹으로 분류하여 지수화한다. 현재 경기상황보다 몇 개월 앞서 움직이는 선행계열은 총 11개로 구성되는데, 대표적인 지표는 원자재 재고율과 신차신규등록대수 등이 포함된다. 경기와 동시에 움직이는 일치계열도 선행계열과 같은 총 11개로 구성되어 있으며, 전체 산업의 영업이익과 중소기업 매출액, 백화점 판매액 등이 포함된다. 마지막으로 후행계열은 총 8개 지표이며, 법인세 수입과 완전실업률 등이 포함되어 있다. 이들 각 그룹별로 3개월 전과 비교하여 상승한 계열, 변하지 않은 계열, 하락한 계열 수를 조사하여 전체 계열 수에서 상승한 계열 수가 차지하는 비중을 구하는 방식으로 경기동향을 파악한다. 경기동향지수는 경기순환에서 나타나는 경기의 정점과 저점을 판단하는 데도 사용된다.

일본은행이 발표하는 '단기경제관측'은 매년 4차례 기업을 대상으로 설문조사를 하여 판단한다. 조사대상은 대기업과 중소기업을 포함한 1만 개 기업이다. 조사내용은 기업심리와 경영내용으로 구분되어 있으며, 지수화된 것과 실제 수치에 근거한 두 종류의 결과를 도출한다.

2) 15번의 경기순환을 경험한 일본

일본은 패전 이후 총 15번의 경기순환을 경험하고 있다. 1950년대 초에 있었던 경기확대는 특수경기(1951년)와 투자경기(1954년)라고 부른다. 특수경기는 한국전쟁 발발이 계기가 된 것으로, 미군이 군수물자로 필요해진 섬유, 금속, 기계, 자동차 등을 일본에서 조달하면서 비롯되었다. 투자경기는 기업이 그동안 내부에 쌓아 두었던 자본을 사용하여 본격적으로 설비투자를 하면서 나타났다.

1950년대 후반부터 1960년대 초까지의 경기상승은 진무(神武)경기, 이와토(岩戸)경기, 올림픽경기라고 부른다. 진무경기는 일본 경제를 고도성장 궤도에 올려놓은 경기상승으로, 세계적인 호경기에 힘입어 확대된 투자에 의해 가능했다. 실제 1956년에는 실질민간설비투자가 전년대비 38.7%나 증가했다. 그 이후 국제수지 악화에 따른 금융긴축정책으로 경기가 하강하기 시작했다. 이 경기하강은 경기가 냄비의 바닥과 같이 바닥을 맴돌았다고 해서 '나베소코(鍋底) 불황'이라고 한다.

이와토경기는 진무경기처럼 기업의 설비투자 증대와 기술혁신으로 경기가 지속적으로 상승한 시기이다. 특히 이케다(池田) 내각의 '소득배증계획'으로 산업 전반에 걸쳐 설비투자가 크게 확대되었다. 이 시기에는 저금리 정책에 힘입어 '투자가 투자를 부르는' 형태의 두 자리 숫자의 높은 경제성장을 달성하기도 했다. 그러나 국제수지 악화에 따른 금융긴축 정책으로 1년을 넘기지 못하고 경기가 하강하기 시작했다.

올림픽경기는 1962년 금융긴축정책 해제와 도쿄올림픽 개최를 위한 건설투자 붐으로 경기가 상승하였으나 호경기는 오래가지 못했다. 이 시기의 경기하강 국면에서는 민간설비투자와 개인 소비가 모두 부진하여 1965년 10월까지 경기 후퇴가 지속되었는데, 이 불황을 '쇼와(昭和) 40년 불황'이라고 한다. 이 무렵 산요특수제강(三陽特殊製鋼)과 야마이치증권(山一証券)이 경영악화로 도산하는 일도 벌어졌다.

표 8-2 일본의 경기순환

	저점	정점	저점	기간		
				확장	후퇴	1순환소요
1순환(특수경기)		1951년 6월	1951년 10월		4개월	
2순환(투자 · 소비경기)	1951년 10월	1954년 1월	1954년 11월	27개월	10개월	37개월
3순환(진무경기)	1954년 11월	1957년 6월	1958년 6월	31개월	12개월	43개월
4순환(이와토경기)	1958년 6월	1961년 12월	1962년 10월	42개월	10개월	52개월
5순환(올림픽경기)	1962년 10월	1964년 10월	1965년 10월	24개월	12개월	36개월
6순환(이자나기경기)	1965년 10월	1970년 7월	1971년 12월	57개월	17개월	74개월
7순환(열도개조경기)	1971년 12월	1973년 11월	1975년 3월	23개월	16개월	39개월
8순환(엔고순환)	1975년 3월	1977년 1월	1977년 10월	22개월	9개월	31개월
9순환(2차 석유위기)	1977년 10월	1980년 2월	1983년 2월	28개월	36개월	64개월
10순환(하이테크경기)	1983년 2월	1985년 6월	1986년 11월	28개월	17개월	45개월
11순환(헤이세이경기)	1986년 11월	1991년 2월	1993년 10월	51개월	32개월	83개월
12순환	1993년 10월	1997년 5월	1999년 1월	43개월	20개월	63개월
13순환	1999년 1월	2000년 10월	2002년 1월	21개월	15개월	36개월
14순환	2002년 1월	2008년 2월	2009년 3월	73개월	13개월	86개월
15순환	2009년 3월	2012년 4월 (잠정)		37개월		

출처: 日本内閣府 홈페이지에서 작성

1960년대 후반부터 1970년대 초까지의 경기상승은 이자나기(いざなぎ)경기와 열도개조(列島改造)경기라고 부른다. 이자나기경기는 상승국면이 5년 가까이 지속되면서 일본이 패전 이후 가장 긴 호황을 경험한 시기이다. 구체적으로는 재정과 금융의 양쪽 측면에서 추진된 경기부양책으로 1966년부터 경기가 살아나기 시작했다. 특히 기업의 왕성한 설비투자로 내수증가와 수출도 견실한 증가세를 보였다. 그러나 패

전 이후 일본 경제의 성장 패턴이었던 설비투자 주도의 고도성장은 '이자나기경기'를 끝으로 막을 내렸다. 이자나기경기 이전까지 경기확대→수입증가→경상수지 악화→금융긴축→불황으로 이어지던 경기순환 패턴이 변하면서 경기확대와 국제수지 흑자가 병행하는 새로운 패턴이 나타났다. 그 이후 국제수지는 흑자를 줄곧 유지했으나 물가상승 억제를 위한 금융의 예방적 긴축정책으로 1970년 가을경부터 경기는 후퇴하기 시작했다.

열도개조경기는 1972년 7월에 출범한 다나카(田中) 내각이 발표한 '일본열도개조론'이 발단이 되어 지가와 주가가 모두 급등하는 인플레이션 경기(열도개조경기)가 나타났던 시기이다. 그러나 1973년 1차 석유위기를 계기로 경기는 다시 후퇴하기 시작했다. 이 시기를 경계로 일본 경제는 고도성장에서 저성장, 안정성장의 시대로 접어들면서 체질개선의 직접적인 계기가 되기도 했다.

1970년대 후반에서 1980년대 초에 두 차례(8순환과 9순환) 경기순환이 있었으나 이전의 경기순환과는 달리 별도의 명칭이 없는 것이 특징이다. 특별한 명칭이 없다는 자체가 이 시기의 경기순환의 특징을 말해주듯이, "호황의 느낌이 없이 경기가 상승한 국면"이었다. 제8순환(엔고순환)은 1차 석유위기 이후 재정 및 금융 양쪽 측면에서 추진된 경기부양책의 효과와 호조를 보였던 수출증대로 1975년 3월을 저점으로 회복국면으로 접어들었으나, 1977년의 급격한 엔고로 경기는 다시 후퇴하였다. 제9순환(2차 석유위기)은 경기상승이 28개월, 후퇴국면이 36개월로, 패전 이후 처음으로 후퇴국면이 상승국면보다 길게 나타났다. 상승국면 초반에는 엔고에 따른 수입원자재 가격 하락과 임금 안정에 따른 기업수익 개선, 공공투자의 상승효과 등으로 1979년에 민간기업 설비투자가 증가하면서 본격적인 상승국면에 돌입했다. 후반에는 2차 석유위기에 따른 원유가격 상승에 따른 제품 가격 상승이 호황으로 이어졌다. 그러나 1980년 2월을 정점으로 과잉재고와 긴축정책으로 경기가 다시 후퇴하기 시작했다.

1980년대 초에서 버블이 붕괴되는 1990년대 초까지는 하이테크경기와 헤이세이경기라고 부른다. 하이테크경기는 미국의 '레이건 경기'와 OPEC의 원유가격 인하가 경기상승의 계기가 되었다. 미국 경기가 1982년 11월을 저점으로 회복세로 돌아서면서 일본의 대미수출이 증가했기 때문이다. 원유가격 인하로 에너지 비용 부담이 줄어 물가도 안정되었고, 소비와 투자가 자극을 받아 경기가 상승했다. 반도체와 컴퓨터 등의 하이테크 산업이 경기상승을 주도해서 '하이테크경기'라는 이름이 붙었다. 그러나 1985년 6월을 정점으로 후퇴국면으로 진입했다. 그 이유는 대미수출 급증으로 미국과의 무역마찰이 문제가 되었고, 1985년 6월부터 1986년 11월까지의 '엔고불황'으로 수출이 한계를 드러내기 시작했기 때문이었다. 그래서 10순환 중에서 경기확대기는 '하이테크경기'라고 하고 경기후퇴기는 '엔고불황'이라고 부른다.

고도성장에 이은 일본 경제 전성기라고도 할 수 있는 1980년대 후반부터 버블이 붕괴되는 1990년대 초까지는 헤이세이(平成)경기라고 한다. 1985년 9월에 개최된 플라자합의로 엔화의 가치가 급상승하였으나 공공투자 확대 등의 조치로 1986년 11월을 저점으로 경기확대국면으로 진입했다. 특히 이 시기에는 내수주도형 경제성장과 민간수요의 자율적인 확대가 경기확대를 주도했다. 초저금리로 여유자금이 늘어나면서 주가와 지가가 급등했으며, 자산가치 상승으로 소비와 설비 투자가 수요를 부추겨 이른바 '버블경기'를 탄생시켰다. 그러나 53개월이나 지속되었던 헤이세이경기도 금융긴축과 지가하락으로 불량채권이 늘어나면서 1991년 2~4월을 정점으로 하강국면으로 들어섰다. 이러한 자산 인플레를 동반한 경기확대기를 버블경기 혹은 헤이세이경기라고 하며, 1993년 급격한 자산디플레와 경기후퇴의 시작을 버블붕괴 혹은 헤이세이불황이라고 한다.

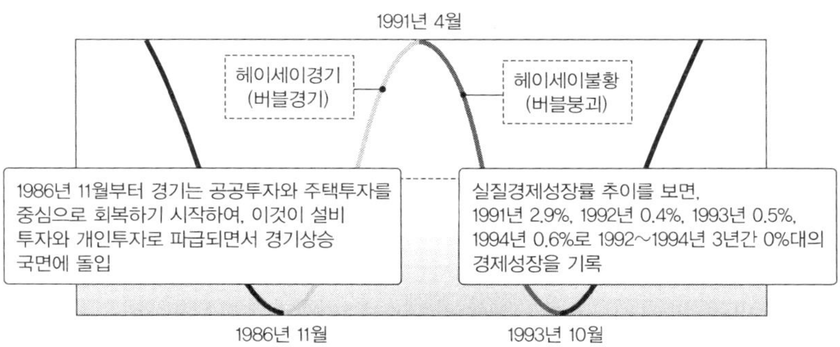

그림 8-2 헤이세이(平成)경기와 헤이세이(平成)불황

3) 일본의 주요 경기대책

일본은 버블붕괴 이후 총 4차례(12순환~15순환)의 경기순환을 경험하고 있으나, 그 이전의 경기순환과는 확연히 다른 경기침체 속의 경기순환이라는 특징을 보이고 있다. 따라서 이 시기에는 오히려 침체된 경기를 부양시키기 위해 일본 정부가 추진한 각종 경기대책을 살펴보는 것이 이 시기의 특징을 이해하는 데 도움이 될 것이다.

일반적으로 재정조치를 수반하는 경기부양책을 경기대책이라고 한다. 바꿔 말하면 경기가 나쁠 때 정부가 지출을 늘려 수요와 고용을 창출시키는 것이다. 공공사업이 그 대표적인 사례가 된다. 일본의 경우에는 보정예산(추가경정예산)을 편성한다든지 예비비를 사용하기도 한다. 국비 이외에 지방자치단체와 기업의 협조를 받거나, 정부산하 금융기관에서 대출을 늘려 사업규모를 키우는 방법을 취하기도 한다. 물론 돈을 쓰는 재정적 부담을 피해서 규제를 완화하는 경기부양책을 쓰기도 한다.

따라서 경기대책이란 현재 보유하고 있는 자원을 최대한 활용할 수 있도록 하는 정책으로 볼 수도 있다. 즉 가동을 멈춘 공장과 유휴 노동력을 다시 생산에 참여시키는 것이다. 그러나 넓은 의미에서 가동률이 상승하는 것은 한계가 있어 잠재성장률 이상의 성장을 이루기는 어렵다. 그렇기 때문에 경기대책은 경제의 실제 성장률을 잠재성장률에 근접시키기 위해 마련하는 것으로 보면 된다. 이에 반해 비슷한 의미로 자주 쓰이는 성장전략은 잠재생산액의 성장률을 어떻게 높일 것인가에 초점이 맞춰진다. 즉 국가의 성장전략은 국내의 생산성을 어떻게 끌어올릴 것인가가 핵심적인 내용이 되어야 한다.

이러한 의미에서 일본에서는 오랜 경기침체를 경험하면서 실로 다양한 경기대책들이 쏟아져 나왔다. 1998년 4월 하시모토(橋本) 내각부터 2013년 1월 아베(安部) 내각에 이르기까지 총 14차례의 경기대책이 발표되었다. 대체로 2000년대 초까지는 경기부양을 위해 공공사업과 고용을 늘리는 방향으로 경기대책이 전개되었다. 그러나 그 이후부터는 소비촉진을 위한 다양한 정책들이 등장했다. 대표적인 사례로 1999년 3월 오부치(小淵) 내각은 획기적인 내수 진작책을 발표했는데, 15세 이하 자녀를 둔 저소득층 가구주 3,500만 명에게 총 7,000억 엔에 달하는 '지역진흥권(상품권)'을 지급한다는 내용이었다. 6개월 이내에 상품권을 쓰도록 유효기간도 설정했다. 또한 2008년 10월 아소(麻生) 내각이 발표한 경기대책에는 1인당 1만2,000엔의 정액급부금(현금지급)을 국민들에게 직접 나눠준다는 내용이 포함되기도 했다. 17조 9,000억 엔 규모의 공공 · 재정사업, 6조 엔 규모의 감세정책 등을 총동원했지만 끝내 민간소비가 살아나지 않자 내놓은 고육책이었다.

표 8-3 일본의 버블붕괴 이후 추진된 주요 경기대책

책정시기	내각	경기대책명	사업규모(엔)	보정예산(엔)	주요 내용
1998년 4월	하시모토	총합경제대책	16조 이상	4.6조	공공사업, 고용대책, 특별감세
1998년11월	오부치	긴급경제대책	24조 이상	7.6조	금융시스템안정화, 영구감세
1999년11월		경제신생대책	18조 정도	6.5조	중소기업금융대책, 개호대책
2000년10월	모리	일본신생신발전대책	11조 정도	3.9조	공공사업, 고용대책
2001년10월	고이즈미	개혁선행프로그램	5.8조	1.0조	고용대책, 중소기업대책
2001년12월		긴급대응프로그램	4.1조	2.6조	공공사업, IT추진
2002년12월		개혁가속프로그램	14.8조	3.0조	고용대책, 중소기업대책
2008년 8월	후쿠다	안심실현긴급총합대책	11.7조	1.8조	방재대책, 중소기업금융대책

2008년10월	아소	생활대책	26.9조	4.8조	정액급부금, 고속도로이용료인하
2009년 4월		경제위기대책	56.8조	15.4조	저공해자동차, 절전형가전구입보조
2009년12월	하토야마	내일의 안심과 성장을 위한 긴급경제대책	24.4조	7.2조	주택 에코포인트, 지방교부세교부금 감소분 보전
2010년 9월	간	엔고, 디플레이션의 긴급대응	9.8조	0.9조	주택, 가정 에코포인트 연장, 중점분야고용창조
2010년10월		엔고, 디플레이션 대응을 위한 긴급총합경제대책	21.1조	5.1조	신성장전략, 공공사업
2013년 1월	아베	일본 경제 재생을 향한 긴급경제대책	20.2조	13.1조	부흥대책, 국토강인화, 민간과 다양한 기금 설립

출처: 日本總理官邸 홈페이지에서 작성

지역진흥권(상품권)을 지급해서 소비를 진작시키려고 했던 정책은 시행 초기 단계에서는 커다란 사회적 이슈로 떠오르면서 세간의 관심을 모으며 성공하는 듯 보였다. 그러나 2008년에 계획되었던 정액급부금(현금지급)은 선거용이라는 비난을 받으며 '현금 뿌리기(바라마키, ばらまき)'라는 유행어를 낳기도 했다. 2009년에는 주요 백화점과 대형유통업체들이 '1만2,000엔 상품' 마케팅을 대대적으로 전개하기도 했고, 여행사들도 앞다퉈 1인당 1만2,000엔짜리 관광상품을 판매했다. 그러나 두 차례의 상품권 정책은 소비촉진으로 경기를 부양시키겠다

는 소기의 목표를 달성하는 데는 결국 실패했다. 경기회복에 대한 확신이 없고 미래에 대한 불안감이 완전히 해소되지 않은 소비자들이 지출을 늘리지 않았기 때문이다.

아베 20조 엔 돈풀기, 日재계 "엔저 지나쳐"

에너지값 상승 유발 … 재정악화 우려로 장기 국채금리 넉달만에 최고

아베 신조 일본 정부가 20조 엔(약 250조 원) 규모의 긴급 경제대책을 이르면 11일 내놓는 등 재정 투입을 통한 경제 회생 전략에 본격 착수한다. 지진 복구대책, 기업을 중심으로 한 성장전략, 지역 활성화 등에 돈을 쏟아붓는 것이 골자다. 하지만 이에 대한 재원 마련을 위해 올 회계연도(2012년 4월~2013년 3월)에 50조엔 규모의 국채를 발행해야 할 처지다.

국채 발행 증가와 재정 악화 우려 등이 겹치며 일본의 장기금리는 4개월 반 만에 최고치로 치솟았다. 8일 니혼게이자이신문에 따르면 일본 정부는 공공사업 확대, 민관합동기금을 통한 기업 지원 등을 골자로 한 20조 엔 규모의 긴급 경제대책을 11일 발표할 예정이다. 이번에 내놓는 대책은 총 13조 엔 규모의 2012회계연도 추경예산 중 10조3,000억 엔에 달하는 경제대책도 포함된다. 대책은 이전 민주당 정권의 축소 균형 성격의 분배정책에서 벗어나 '강한 경제'를 지향하는 회복 정책이 중심이다. 공공사업에만 5조 엔 이상이 투입된다. 또 민간자금과 정부자금을 합친 기금을 조성해 기업들의 투자와 인수 · 합병(M&A)을 지원하는 자금으로 활용한다. 국제협력은행도 2,000억 엔 규모의 기금을 마련해 자국 기업의 해외 M&A에 자금을 댄다.

일본정책금융금고는 자금난에 처한 중소기업을 위한 지원금을 준비하기로 했다. 유도만능줄기세포(iPS세포), 슈퍼컴퓨터 연구와 희토류 개발 등 과학기술 분야에도

5,000억~6,000억 엔을 배정한다. 문제는 추경예산 13조 엔 중 절반에 가까운 5조 엔을 국채 발행으로 조달해야 하는 처지라는 것. 이렇게 되면 2012회계연도 국채 발행 규모는 50조 엔에 이를 것이 확실시된다. 아베 정부는 직전 민주당 정권이 재정건전화를 위해 설정했던 연간 국채발행 한도(44조 엔)는 진작부터 무시하겠다고 공언해 왔다.

일본 10년물 국채 금리 (단위=%)

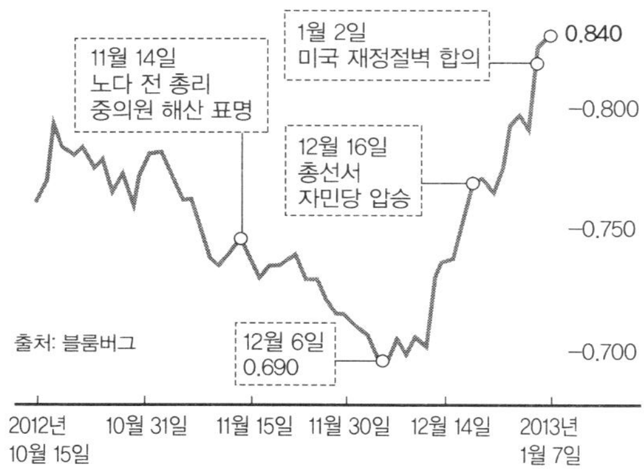

재정 악화를 무릅쓰고 경기 회복을 위한 자금 투입을 밀어붙이겠다는 것이다. 일본 금융시장에서는 아베 정권에 대한 이 같은 공격적 재정 투입에 대해 이미 강한 우려감이 제기되고 있다. 장기금리의 대표 지표인 10년물 국채수익률이 지속적으로 상승(국채값 하락)하고 있다. 지난해 12월 중의원 선거 전만 해도 연 0.7% 이하를 맴돌며 9년 반 만에 최저 수준을 기록하더니 자민당이 선거에 승리한 이후 연일 상승세를 이어가고 있다.

국채 발행 증가와 재정 악화 예상이 겹친 결과다. 7일에는 연 0.840%를 기록해 지난해 8월 21일 이후 약 4개월 반 만에 최고치로 올랐다. 시장 전문가들은 오는 3월께는 국채 10년물 금리가 연 1%까지 상승할 것으로 예상하고 있다. 요미우리신문은 "장기금리가 상승하면 정부의 국채 발행 비용이 증가하고 국채를 대량 보유한 금융회사의 수익률이 악화해 금융 기반을 흔들 수 있다"고 염려했다. 일본 기업들은 아베 정부가 노골적으로 엔저를 유도하는 데 대한 걱정도 표시하고 있다. 과다한 엔저가 수출 경쟁력에는 도움이 되겠지만, 원전 가동이 사실상 중단된 상황에서 에너지비용 상승이라는 큰 부담으로 이어질 수 있기 때문이다. 이런 상황에서 소비세 인상이 실행되지 않을 경우 외국 투자자에 대한 신뢰 추락으로 이어지면 일본 국채 투매와 엔저 가속화라는 파국으로 이어질 수 있다는 걱정도 나왔다.

지난 7일 게이단렌, 일본상공회의소, 일본 경제동우회 등 일본 재계의 3대 단체가 공동 주관한 신년 하례식에서 재계 인사들이 아베 총리에게 적극적인 경기부양을 환영하면서 이 같은 염려를 전달했다. 사카네 마사히로 고마쓰 회장은 "만약 '셀재팬(sell Japan)'이 초래되면 엔 가치가 한꺼번에 급격히 떨어질 수 있음을 걱정한다"고 말했다. 시가 도시유키 닛산 최고운영자도 "달러에 대해 엔 가치가 더 떨어지길 기대하지만 투자자 신뢰가 무너지면 오히려 악재가 될 것"이라고 경고했다. 사카키 노리오 도시바 사장은 "엔저가 전반적으로 일본 경제에 보탬이 되지만 에너지 가격 상승이 큰 걱정"이라며 "에너지 가격과 엔저 간 균형을 이루는 것이 핵심"이라고 강조했다.

출처: 매일경제 (2013.01.08).

CHAPTER 09

소비자

CHAPTER 09

소비자

1. 소비자의 이해

1) 왜 소비를 해야 하나

현대사회는 소비사회라 해도 될 정도로 소비의 힘이 강해지고 있다. 생산된 물건이 팔리지 않으면 재고가 쌓이고, 물건을 생산하던 기업은 도산 위기를 맞을 수도 있다. 기업이 어려워지면 취업도 어렵고 실업자가 생길 수도 있다. 결국 소비가 살아나야 경제가 산다. 소비가 경제의 활력소인 셈이다. 소비주체인 가계가 올바른 소비를 꾸준히 함으로써 기업의 생산이 증가하고 관련된 기술도 발전할 수 있다. 소비는 기업의 생산활동을 가능하게 할뿐 아니라 기술이 바람직한 방향으로 발전할 수 있도록 인도하는 역할을 수행한다. 어떤 상품의 소비가 늘어난다는 것은 그 상품을 만드는 기업의 경제적 이윤이 발생하는 것을 의미한다. 그리고 늘어난 소비는 그 기업에게 그 상품을 추가적으로 만들라는 신호를 보내는 것이고, 그 기업이 속해 있는 산업이 앞으로 발전할 가능성이 높아진다는 뜻도 된다. 그러나 반대로 특정 상품에 대한 소비가 줄어들면 기업은 생산을 줄일 수밖에 없고, 그 산업은 사양화의 길을 걷게 될 공산이 커진다.

소비는 소득에서 저축을 뺀 나머지다. 저축하고 남은 것을 소비하든, 소비하고 남은 것을 저축하든 소비는 저축과 밀접한 관련이 있다. 경제학자가 '합성의 오류(合成의 誤謬)'로 부르는 일련의 현상은 개인, 개별업종, 작업현장에서는 옳은 것 같아 보이지만 경제 전체 측면에서 보면 그렇지 않은 경우를 말한다. 이는 시장경제가 복잡하게 얽혀 있기 때문에 나타나는 현상이다. 이러한 현상이 일어나고 있는 상황에서 시장경제를 정확하게 이해하기 위해서는 경제 전체를 바라보는 것이 무엇보다 중요하다. 경제학 교과서에서 '합성의 오류'의 대표적 사례로 자주 등장하는 것이 '사람들이 저축을 늘리려고 하면 오히려 저축은 줄어들게 된다.'라는 현상이 있다.

우리나라는 오래전부터 저축을 미덕으로 여겼다. 빨간색 돼지 저금통을 가득 채워 은행에 들고 가는 것이 바른 생활이라고 어린이들에게 가르쳤고, 저축의 날이 있는가 하면 저축을 많이 한 연예인을 선정해 상도 준다. 지금도 많은 사람들이 경제가 어려우면 저축을 해야 한다고 생각하는 경향이 강하다. 그렇게 하면 나라 경제가 다시 활기를 찾을 것으로 기대하기 때문이다.

그러나 만약 국민 한 사람 한 사람이 모두 저축을 늘리려고 하면 결과적으로 국민 전체의 저축이 감소할 수도 있다. 만약 지금까지 급여의 10%를 저축하던 사람이 저축률을 20%로 올렸다고 생각해 보자. 전체 소득 중에서 저축비율을 10%에서 20%로 늘리는 것은 소비가 90%에서 80%로 줄어든다는 것을 의미한다. 이것은 경제 전체로 보면 소비가 침체하는 것과 다를 것이 없다. 소비가 침체하면 수요가 줄어들기 때문에 기업의 매출도 내려가고 실적도 악화된다. 당연히 투자도 감소할 것이며 실업과 같은 고용문제도 부각될 가능성이 높아진다.

정말로 국민 모두가 10%에서 20%로 저축을 늘렸다면 대단한 수요 감소가 발생할 것이다. 결과적으로 국민소득이 감소하게 될 것이다. 가령 300만 원의 소득 중에서 10%의 30만 원을 저축했던 사람이 20%의 60만 원을 저축하려고 해도 300만 원의 소득 그 자체를 유지하기 어려워진다는 의미가 된다.

이렇듯 경제 전체로 보면 국민들이 저축을 늘리려는 생각은 결과적으로 경기를 악화시켜 저축을 감소시키게 된다. 따라서 '저축이 미덕'이라는 말은 반드시 옳다고 볼 수 없는 측면이 있다. 여기서 저축이 옳은지 아니면 소비가 바람직한지를 논의할 생각은 없다. 다만 경제학에서는 앞으로 각자가 하려고 마음먹은 것과, 그 결과로 그 사람에게 돌아가게 되는 것 사이에는 분명한 차이가 발생한다는 것을 알아야 한다는 것이다. 그것이 경제학에서 중요하게 생각하는 시장을 알아가는 지름길이기도 하다.

2) 얼마나 소비를 해야 만족할까

경제학에 등장하는 소비자가 가장 중요하게 생각하는 효용은 상품이나 서비스를 소비함으로써 얻는 만족감을 뜻한다. 경제학에서 소비자는 효용을 극대화하는 방향으로 소비를 하고, 그 효용을 측정할 수 있다고 가정한다. 사실 소비자 마음속에 있어 측정이 불가능한 효용을 측정할 수 있다고 가정하는 것은 이로부터 여러 중요한 결과를 얻어낼 수 있기 때문이다.

소비주체인 가계가 소비를 하는 데는 반드시 감안해야 할 사항이 있다. 바로 무한할 수 없는 예산이다. 소비를 위해서는 반드시 돈을 지불해야 하므로 어떤 사람이든 소비할 수 있는 상품이나 서비스의 양은 그 사람의 소득 범위를 초과할 수 없을 것이다. 따라서 소비의 제약조건은 예산이 되며, 소비자는 그 예산 범위 안에서 효용이 가장 큰 소비를 선택하게 된다.

효용은 상품과 서비스를 소비함으로써 얻어지는 만족감이기 때문에 소비의 분량이 많으면 많을수록 전체 효용은 커지게 된다. 그렇기 때문에 사람들은 보다 많은 상품과 서비스를 소비하기를 원한다. 그렇다면 소비하는 재화의 양을 하나씩 늘릴 때마다 효용은 어느 정도 늘어나는 것일까? 이 문제의 답을 알기 위해서는 '한계효용'이라는 개념을 설명할 수 있어야 한다. 한계효용은 소비하는 재화를 하나씩 늘릴 때, 추가로 늘어나는 효용의 증가분을 뜻한다. 중요한 것은 소비하는 재화의 양을 늘리면 효용도 같이 증가하지만, 한계효용은 감소한다는 사실이다. 보통의 사람이라면 더운 여름날 산행을 마치고 마시는 시원한 맥주 한 잔은 그 사람의 효용을 증가시키기에 충분할 것이다. 그런데 두 잔째 마시는 맥주를 통해 얻을 수 있는 추가 효용은 첫잔만 못하다. 물론 추가로 얻을 수 있는 만족감, 즉 한계효용은 잔을 더할수록 차츰 줄어들게 될 것이다. 맥주를 더 이상 마시지 않고 자리에서 일어나는 시점이 바로 한계효용이 0에 도달한 시점이다.

소비와 효용을 생각할 때 잊어서는 안 되는 또 다른 사실은 모든 재화가 일정한 속도로 한계효용이 감소하는 것은 아니라는 것이다. 한계효용이 줄어드는 속도가 더딘 것이 있는가 하면, 급격하게 감소하는 경우도 있다. 매서운 추위 뒤에 찾아오는 따뜻한 봄 날씨는 며칠 동안 이어진다고 해서 갑자기 한계효용이 줄어들지 않는다. 반면 한 번 본 드라마를 반복해서 또 보는 사람은 드물다.

3) 소비자잉여를 알면 손해 보는 일은 없다

일반적으로 상품을 구입하는 소비자는 자신이 정말 지불하는 비용보다 더 큰 편익을 얻는다. 그 차이를 소비자잉여라고 하는데, 소비자가 시장에서 거래를 통해 얻게 되는 순이익을 말한다. 어떤 상품이나 서비스의 가격이 얼마 이상으로 올라가면 그 상품과 서비스를 구입하지 않을 거라고 가정하면 어렵지 않게 소비자잉여가 존재하고 있음을 알 수 있다.

대부분의 소비자는 시장에서 상품과 서비스를 구입할 때 대체로 가격이 비싸다고 느끼기 때문에 이익을 보고 있다고 생각하는 경우는 드물다. 그러나 많은 돈을 주고 비싸게 구입하는 경우라도 관점을 바꿔 보면 또 다른 사실이 드러난다. 즉 구입하고자 하는 상품이 지금 시장에서 거래가 되고 있지 않거나, 그 상품을 내가 스스로 만들어야 하는 경우를 생각해 보면 된다. 그 다음에 그 상품을 내 것으로 만들기 위해 얼마까지 지불할 용의가 있는가를 생각해보자.

현재 영화표 가격이 9천 원이다. 이 가격에서 대부분의 사람들은 영화를 본다. 그렇다면 영화 한편을 보는 가격이 얼마로 오를 때까지 영화를 보게 될까? 사람마다 차이가 있겠지만, 나름대로 생각하는 최대 지불 금액이 있을 것이다. 그 최대 지불 금액과 현재 지불하고 있는 금액의 차이가 바로 소비자잉여이다.

거의 매년 오르는 대중교통 요금에 대해 많은 사람들이 불만을 가지고 있지만 여전히 대중교통에 대한 수요는 존재하고 많은 사람들이 이용하고 있다. 그렇다면 대중교통 요금이 얼마까지 오르면 더 이상 이용하지 않고 걷거나 자가용을 이용하게 될까? 분명한 사실은 대부분의 소비자가 지금의 대중교통 요금보다 훨씬 더 높은 가격을 내고라도 이용할 의사가 있다는 것이다. 결국 소비자들은 시장에서의 다양한 거래를 통해 크고 작은 소비자잉여를 챙기고 있는 것이다.

4) 소비자 주권을 챙기자

소비의 역할은 경제를 활기차게 만들고 개인의 만족을 충족시키는 것이 전부가 아니다. 소비자는 합리적인 선택과 자신들만의 주권을 실천하면서 건전한 국가경제를 만드는 데 기여한다. 시장경제의 근간이 되는 경쟁이 우리에게 가져다주는 이익도 사실 소비자의 합리적인 선택에 의해 충분히 달라질 수 있다는 것을 쉽게 예상할 수 있다. 합리적인 선택을 통해 소비한다는 의미는 무엇보다 먼저 자신의 효용이 무엇인가를 명확히 아는 것에서 시작된다. 그 효용을 최대한으로 올리기 위한 일관성 있는 소비행태는 사회 전체의 효율도 높이는 결과를 가져온다. 따라서 소비자 모두가 자신의 효용에 맞는 올바른 가치관을 바탕으로 소비를 하는 것은 기업이 가진 윤리의식만큼이나 중요하다. 과소비, 과시소비, 모방소비, 충동소비와 같은 비합리적인 소비행태를 피해갈 수 있도록 계획적인 소비생활이 필요하다고 할 수 있다.

기업이 희소한 자원의 배분에 있어서 소비자의 선호가 존중되고 반영되는 생산을 할 수 있도록 소비자 주권을 강화하는 것도 필요하다. 기업이 가장 무서워해야 할 상대는 기업활동을 규정하는 각종 제도를 마련하는 정부나 경쟁기업이 아닌 바로 소비자가 되어야 한다. 그래서 소비자는 시장경제가 나아갈 방향을 결정하는 지휘자인 동시에 시장경제의 움직임을 마지막으로 관리하는 감시자인 것이다.

한계효용체감의 법칙

짜장면은 맛있다. 특히 배고플 때 먹는 짜장면은 맛이 기막히다. 하지만 한 그릇으로 부족하다고 생각해 하나를 더 시키면 낭패 보기 십상이다. 첫 번째 것에 비해 확실히 감동이 덜하다. 세 그릇째라면 맛을 거의 느끼기 어렵다. 짜장면은 이처럼 첫 번째가 가장 맛이 좋고 두 번째, 세 번째로 갈수록 맛이 떨어진다. 만약 네 그릇째 먹는다면 배가 꽉 차 더 이상 만족감도 없고 오히려 고통이 될 것이다. 경제학의 유명한 한계효용체감의 법칙 때문이다. 이 법칙은 독일 경제학자 허만 고센(H. H. Gossen)에 의해 정리돼 고센의 제1법칙이라고도 불린다. 인간 욕망을 설명하기에 적합하고, 합리적인 소비를 위해서도 유용하다.

첫사랑도 한계효용체감의 법칙으로 설명할 수 있다. 처음 사귄 이성 친구와 손을 잡았던 순간은 죽을 때까지 잊히지 않는다. 영화 〈건축학 개론〉은 이런 첫사랑의 추억을 그려 보는 이의 가슴을 아리게 했다. 그러나 사랑이 두 번 세 번 반복되면 감동은 줄어든다. 만약 첫 번째부터 열 번째 이성 친구에 이르기까지 모두 똑같은 사랑의 감정을 가졌다면 그는 필시 타고난 바람둥이다.

한계효용체감의 법칙을 소득 분배에 적용해볼 수는 없을까. '최대 다수 최대 행복'을 주창한 공리주의자들이 시도했다. 예컨대 100억원을 가진 부자와 전 재산이 100만 원인 가난한 사람이 있다. 부자와 가난한 사람 모두에게 100만 원의 공돈이 생겼다고 가정해 보자. 부자는 100만 원이 추가로 생긴다 해도 별로 즐거움을 느끼지 않을 것이다. 겨우 재산이 1만분의 1 늘었을 뿐이다. 부자는 자기가 갖고 있는 돈에서 100만 원쯤 없어진다고 해도 그렇게 신경을 쓰지 않을 것이다. 그러나 가난한 사람은 처지가 다르다. 100만 원은 오뉴월 가뭄에 단비와도 같다. 재산이 일시에 2배로 늘었다. 만약 가난한 사람이 갖고 있던 100만 원을 잃어버리는 일이 발생한다면 곧바로 파산이다. 돈이 많으면 많을수록 추가적인 만족 한 단위를 얻기 위해서는 더 많은 돈이 필요하다. 반면 가난한 사람은 조금만 돈이 생겨도 큰 만족을 얻을 수 있다.

정부가 적극 소득 재분배에 나서야 한다는 논리적 근거를 여기서 발견할 수 있다. '파이'를 나누면 사회 전체의 만족감을 전반적으로 끌어올릴 수 있기 때문이다. 부자는 기분이 약간 나쁠 수 있지만 부자의 기분 나쁜 것을 모두 합친 것보다 가난한 사람들의 만족감이 훨씬 크다. 대표적인 소득 재분배 정책은 복지다. 박근혜 정부가 추진하기로 한 무상보육이나 대학 반값등록금, 월 20만 원의 기초연금, 암 등 4대 중증질환 국가 부담 정책 등이 이에 해당한다. 이미 자기 돈으로 자식들을 가르치고, 부모님에게 용돈을 드리며, 의료비가 전액 보장되는 보험에 가입한 사람들은 약간 손해지만 서민과 중산층 입장에서 보면 대단히 고마운 정책들이다. 박근혜 대통령이 대선 공약을 통해 경제민주화와 복지 확대를 이야기한 것은 파이를 나누겠다는 의미로 풀이할 수 있다.

다시 한계효용체감의 법칙으로 돌아가 보자. 컴퓨터 게임은 처음 30분이 재밌다. 맥주도 첫 잔이 제일 시원하고 맛있다. 게임을 많이 하면 할수록, 맥주를 많이 마시면 마실수록 효용은 떨어진다. 하지만 게임을 밤새도록 하고 다음 날 또 하는 사람들이 있다. 전날 과음으로 힘들어 하면서도 술을 또 마신다. 한계효용체감의 법칙이 통하지 않는 경우다. 주변에서는 이들을 게임중독자, 알코올중독자라고 부른다.

이미 돈을 많이 벌어 재산이 수천억, 수조 원인 거부가 돈 몇 푼 더 벌기 위해 골목상권을 쑥대밭으로 만들고 비정규직을 고용한다. 국민의 의무인 세금을 내지 않기 위해 불법 회계를 일삼고 일감 몰아주기 등을 통해 자식에게 돈을 편법으로 상속한다. 정권 교체기의 어수선한 틈을 타서 독과점으로 생산하고 있는 물건의 가격을 올린다. 이 역시 한계효용체감의 법칙이 통하지 않는 사례라고 할 수 있다. 이들을 돈에 중독됐다고 표현하면 지나친 것일까.

출처: 경향신문 (2013.03.17).

2. 일본의 소비자

1) 일본 경제와 소비

그동안 일본의 경제성장을 견인해 온 주역 중 하나가 바로 '소비'였다. 개인소비(가계소비지출)가 국내총지출의 약 55%를 차지하고 있기 때문에 소비가 일본 경제의 성패를 쥐고 있다고 해도 과언이 아니다. 구미의 주요 선진국 역시 국내총지출의 절반이 개인소비이기 때문에 소비는 세계 경기와도 밀접한 관련이 있다고 할 수 있다. 그러나 대체로 대기업의 설비투자액이 수백억 원에서 수십억 원에 달하는 것과는 달리, 개인소비는 천원 미만의 일상적인 소비에서 해외여행이나 승용차 구매, 평생 몇 차례 경험하기 어려운 주택 구입에 이르기까지 실로 다양한 얼굴을 가지고 있다.

백화점, 슈퍼마켓, 편의점, 전문점 등의 판매동향과 유행하는 제품의 판매실적 등으로 대략적인 소비동향을 파악할 수 있지만, 소비 전모를 망라하는 데이터는 존재하지 않는다. 단 소비는 세상의 유행에 따라 민감하게 변화하고 있다. 그렇기 때문에 소비동향을 아는 것은 세상의 움직임을 이해하고 경제를 아는 것으로 연결된다고 할 수 있다.

최근 일본의 소비현장에서 나타나고 있는 특징으로 대규모 유통업체의 PB(Private Brand, 자가상표)상품이 소비자의 지지를 받고 있다는 점을 들 수 있다. 오랜 경기침체와 자연재해로 과거 어느 때보다 절약에 대한 인식이 고조되고 있는 것과 무관하지 않아 보인다. 이러한 소비자 심리를 예리하게 간파한 것이 유명 메이커 상품에 비해 20%가량 저렴한 PB상품 판매였다. 소득 상승을 기대하기 어려운 상황에서 지출을 줄일 수 있는 PB상품은 구매력을 높이는 효과도 있다.

1990년대까지 일본 경제는 물가상승이 소득을 끌어 올리면서 소비가 살아나 경제성장으로 이어지는 이른바 '착한 인플레이션'이라는 경제교과서에 나올법한 시나리오가 가능했다. 그러나 저출산, 고령화에 따른 국내수요 감소와 저가 수입제품 유입으로 과거와 같은 물가상승을 기대하기는 어려운 상황이다. 일본은 소비와 관련한 경제운영이 점점 더 어려워지고 있다고 보는 것이 맞다. PB상품과 같은 양질의 저가상품에 익숙해진 일본의 소비자가 가격인상을 받아들이는 것은 결코 쉬운 일이 아니다. 따라서 일본의 경기가 좋아져 소비가 늘어나더라도 기업이 제품 가격을 인상하기가 어려운 것이다.

2) 일본 소비시장은 이렇게 변하고 있다

일본의 소비자행동을 이해하기 위해서는 인구 구성과 소비대상의 변화(상품이탈현상)를 눈여겨봐야 한다. 미래에 대한 예측 중에서 가장 확실한 것이 인구 구성에 대한 예측이다. 이미 잘 알려진 일본의 고령화현상 심화는 젊은 세대의 시장을 최우선시하는 종래의 사고방식이 바뀌어야 함을 시사한다. 삶의 여유와 품격을 유지하려는 실버세대를 대상으로 하는 제품이나 서비스 그리고 건강을 테마로 한 식품, 의약품, 정보지의 증가는 인구의 고령화를 반영한 것이다.

2011년 현재 일본의 65세 이상 인구의 저축액은 2,305만 엔으로 일본 전체 평균의 1,638만 엔에 비해 1.4배 많다. 뿐만 아니라 세대주가

65세 이상인 세대 중에서 4,000만 엔 이상의 저축액을 보유한 비율은 16.8%로 전체 평균 10%보다 높은 수준을 나타내고 있고, 4,000만 엔 이상 자산을 보유한 인구의 70% 이상이 60대 이상에 해당한다. 60세 이상 인구의 연간 소비지출액은 2011년 현재 100조 엔을 넘어서, 일본의 전체 개인소비의 44%에 달한다. 일본의 대표적인 경제주간지인 '닛케이 비즈니스'가 2012년에 60세 이상 인구를 대상으로 조사한 결과에 따르면 상품선택의 최우선 고려사항으로 환경과 건강을 꼽고 있다. 또한 70세 이상 인구의 약 70%가 환경에 좋은 상품이면 비싸더라도 구입한다고 응답하고 있다(참고로 20대는 42%). 일본의 고령층은 제품선택에 있어 가격을 최우선 고려 사항으로 생각하지 않는다. 가격을 고려하지 않는다고 해서 인지도가 높은 브랜드 상품을 무조건 선호하는 것도 아니다. 각자의 인생 경험과 독자적인 가치관에 따라 제품을 선택한다. 고령자를 대상으로 한 소비자의식조사에서 50% 이상이 '한번 정한 브랜드는 바꾸지 않는다' 또는 '좀처럼 바꾸지 않는다'라고 응답하고 있다.

그리고 일본 소비자의 상품이탈현상이 심화되고 있는 것도 주목해야 한다. 상품구매를 위한 지출보다도 오히려 서비스지출이 늘어가고 있기 때문이다. 1975년 전체 소비지출 중에서 28.3%였던 서비스지출은 1997년 40.6%로 증가했고 2005년에는 46.5%를 기록하며 전체 소비지출의 절반 수준에 육박하고 있다.

3) 일본 소비자는 이렇게 변하고 있다

그동안 일본인의 소비스타일은 아무리 고가라도 원하는 것은 사는

'고급지향'과 가격을 최우선으로 생각하는 '가격지향'으로 구분되었다. 그러나 장기불황을 경험한 일본 소비자들은 장래 소득에 대한 불안감으로 과거와는 다른 '코스트 퍼포먼스(Cost Performance)'를 점차 중시하고 있다. 소비의 효용을 극대화하는 방향으로 빠르게 움직이고 있는 것이다. 경제성장에 익숙했던 시기에 만들어졌던 종신고용과 연공서열이 1990년대 후반 급격히 무너져 구조조정이 현실로 나타나면서 소비자의 심리변화가 일어난 것으로 보인다. 일본의 소비자는 1960년대에 대량생산, 대량소비 시대를 경험했고, 1970~1980년대에는 상품의 질이 가장 중요한 선택의 기준이 되었다. 1990년대는 경기침체가 오랫동안 이어지면서 싼 것에 대한 거부감이 사라졌고, 2000년대 들어와서 일본인의 가치기준은 보다 더 엄격해졌다. 이제는 상품 가치의 기준이 오로지 가격이던 시대에서 벗어나, 자신의 생활양식(라이프스타일)에 맞는 상품을 선택하는 소비자가 증가하고 있다.

표 9-1 일본 소비자의 시대별 심리 변화

시대	변화현상
1960년대	대량생산, 대량소비: 종합비타민인 다이에이의 유통혁명 (소비자 중심의 가격결정권을 갖춘다며 Maker와 대결)
1970~1980년대	가격에 대한 반응보다도 상품의 질에 관심 소비자맞춤형 상점(Convenience Store), 자기류의 소비 - 같은 가격이면 품질이 높은 음식을 찾음 - 바쁘니까 여러 상점보다는 자신이 찾고자 하는 물건을 모두 갖춘 도심의 하나의 상점에서 쇼핑(대형 쇼핑센터인 다이에이가 편의점 세븐일레븐에 비해 경쟁 열위)
1990년대	20대를 중심으로 저렴한 것에 대해 부끄럽다는 인식 점차 희박
2000년대	일본인 가치기준의 엄격화: 소비자 맞춤형 제품생산이라는 일본형 소비사회, 선택적 소비

출처: KOTRA (2005). 일본문화와 비즈니스. KOTRA에서 인용

이러한 일본 소비자의 특징을 '프리미엄 소비', '철저탐색소비', '편의성 소비', '저가격납득소비'로 구분하는 경우도 있다. 프리미엄 소비란 마음에 든 상품에 대해서는 비싸도 비용을 선뜻 지불하는 소비행태를 말하며, '철저탐색소비'는 상품에 대해 고집하면서 저가격도 추구하는 소비스타일로 좋은 제품을 저렴하게 구매하기 위해 노력한다. '편의성 소비'란 철저탐색형과 대조적으로 상품에 대한 고집도 저가격도 중시하지 않는 스타일이자만 구입의 편의성을 중요하게 생각한다. 마지막으로 '저가격납득소비'는 오로지 낮은 가격에만 집착하는 소비행태를 보인다.

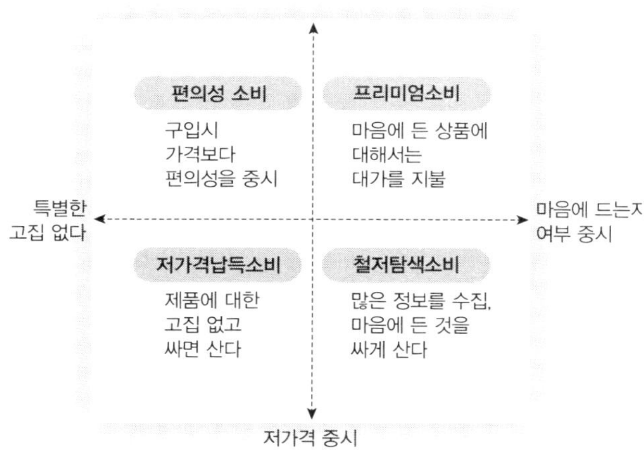

그림 9-1 일본 소비자 성향

출처: KOTRA (2011). 히트상품을 통해 본 일본 소비시장 동향. Global Business Report, 11-015에서 인용

끝으로 전통적으로 일본 소비자의 특징으로 자주 거론된 내용에 대해서 간략하게 살펴보도록 한다. 무엇보다 가장 많이 지적되는 일본 소비자의 특성은 품질에 대한 요구수준이 매우 높다는 것이다. 조잡한 물건을 만드는 사람은 인격을 의심하는 사회가 일본이다. 그러나 잘 만들어진 물건은 만든 사람과 함께 그 가치를 인정받는다. 그래서 일본에는 세계적으로 유명한 명품 브랜드가 아니더라도 그 가치에 아낌없이 투자하는 소비자가 많다. 육안으로 확인하기조차 어려운 흠집이라도 판매제조회사에 반품을 요구하면서 소비자권리를 챙기는 경향이 강하다. 이러한 소비자가 있기 때문에 제품의 완성도를 높이기 위해서 현장의 작업자는 끊임없이 노력한다.

두 번째로는 메이드인재팬(Made in Japan)에 대한 자긍심을 들 수 있다. 1980년대 소니의 '워크맨'에 이은 닌텐도의 게임기는 물론 렉서스와 인피니티 등 그동안 세계시장에서 일본제품의 위력은 유감없이 발휘되었다. 그래서 일본 소비자들은 일본제품을 절대적으로 신뢰한다. 일본 국내시장에서 이 분야 외국기업의 존재감은 없다고 해도 과언이 아닐 정도로 약하다. 다만, 금융위기 이후 중국 가전업체의 제품이 일본시장에서 선전하고 있고, 한국산 휴대전화도 시장점유율이 증가하고 있다. 일본 소비자들 사이에 뿌리 깊게 내재되어 있던 일본 브랜드 신앙이 점차 새로운 변화를 맞고 있는 것은 분명한 사실이다.

루이비통의 굴욕

전 세계 유일 인천공항 면세점 매장 매출 작년比 18% 감소

일본인 관광객 감소 · 브랜드 인기 식어… 줄서서 구매 옛말

2년 전 '전 세계 유일의 면세점 매장'으로 주목받았던 인천국제공항 내 루이비통 매장이 명성을 잃어가고 있다. 프랑스 대표 고가브랜드로 꼽히는 루이비통의 예전 같지 않은 인기와 일본인 고객 감소가 반영돼 매출이 계속 감소하고 있는 것으로 나타났다.

29일 인천공항면세점 에어스타 애비뉴에 따르면 올해 인천공항 루이비통 매장의 하루 평균 매출은 2억3,000만 원으로 지난해 2억8,000만 원에 비해 18%가량 감소했다. 첫해 '오픈 특수'를 고려하더라도 −7%대의 매출성장률을 기록한 지난해보다 2배 이상 하락한 것이다.

특히 이 매장이 문을 연 지난 2011년의 일매출(3억 원)에 비해서는 올해 약 23%나 급감한 셈이다. 당시 루이비통 매장 ㎡당 하루 매출은 약 6,200만 원으로, 면세점 전체 평균 매출인 3,800만 원을 훌쩍 뛰어넘었다.

인천공항 루이비통 매장은 세계 유일의 면세점 매장이란 점과 오픈 직후 높은 매출로 루이비통을 보유한 루이비통모에에네시(LVMH) 그룹에서도 각별히 신경쓰고 있는 것으로 알려졌다. 이 같은 이유에서 지난해 5월에는 베르나르 아르노 LVMH 그룹 회장이 직접 이 매장을 둘러보기도 했다.

인천공항면세점 루이비통 매장 매출 현황

연도별 일매출(원)

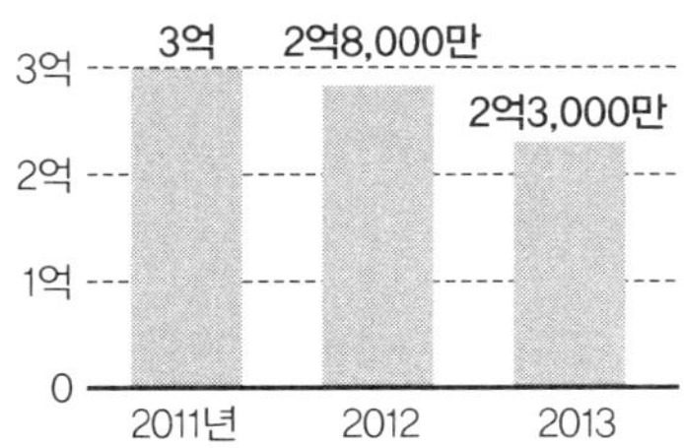

매장매출(원)

기간	매출액
2011년(9월 10일~12월 31일)	**340**억
2012년	**1,020**억
2013년(1월 1일~9월 20일)	**620**억

출처: 에어스타 에비뉴

업계에서는 루이비통 면세점 매출 감소의 가장 큰 원인을 엔저로 인한 일본 관광객 축소 때문으로 분석하고 있다.

면세점업계 관계자는 "올해 일본 관광객들이 확연히 줄어들면서 루이비통을 비롯한 일본 관광객들이 선호하던 일부 고가 브랜드의 매출이 줄어들었다"면서 "시내 면세점 상황도 크게 다르지 않을 것"이라고 말했다. 실제 이 매장의 국적별 매출(2011년 12월 기준)을 살펴보면 내국인(53.5%)에 이어 일본인(18.6%)이 두번째를 차지하고 있다.

인천공항면세점 관계자는 "작년 초까지만 해도 인천공항 루이비통 매장 앞에 길게 줄 서 있는 고객들을 쉽게 볼 수 있었는데, 최근에는 대부분 한산하다"고 귀띔했다.

또 일각에서는 면세점 매장의 매출 감소를 국내 시장에서 루이비통의 인기가 식고 있다는 방증으로 보고 있다.

명품업계 관계자는 "몇 년 전까지 3초마다 한 번 볼 수 있다는 '3초백'이란 별명을 얻을 만큼 인기를 얻었던 루이비통이 최근 국내 시장에서 힘을 잃고 있다"면서 "이는 가치소비 트렌드와도 맞물린다"고 설명했다.

한편 인천공항 루이비통 매장 운영자는 신라면세점으로, 2010년 11월 30일 운영자로 결정된 후 2011년 9월 10일부터 이 매장을 운영해오고 있다.

출처: 파이낸셜뉴스 (2013.09.29).

CHAPTER 10

금융

CHAPTER

10 금융

1. 금융의 이해

1) 금융이란

금융이란 돈이 남는 곳에서 모자라는 곳으로 융통해주는 것을 말한다. 좀 더 어렵게 말하면 자금잉여주체와 자금부족주체와의 사이에서 자금(통화)이 오가는 대차관계라고 할 수 있다. 자금은 상품과 서비스에 대한 구매력이라고 할 수 있기 때문에 금융을 '구매력의 이전'으로 볼 수도 있다. 금융이 없는 세계에서 경제 확대를 기대할 수 없기 때문에 금융을 경제의 윤활유라고도 하는 것이다. 현대사회의 모든 경제주체는 돈으로 상품이나 서비스를 사고, 자신이 만들거나 제공하는 상품과 서비스의 대가로 돈을 받는다. 자신의 소득 범위 안에서 지출한다면 가장 이상적이겠지만 실제로 그렇게 생활하는 것은 결코 쉬운 일이 아니다. 돈이 남는 사람이나 기관에서 돈이 부족한 사람이나 기관으로 자금이 흘러가는 것이 바로 금융이다.

오늘날과 같은 화폐(통화)경제 체제에서는 저축초과주체는 자금잉여주체이고 투자초과주체는 자금부족주체가 된다. 경제가 순조롭게 움직이기 위해서는 자금잉여주체에서 자금부족주체로 원활하게 자금이 공급될 필요가 있는데, 그 사이의 채널에 결함이 생기면 신체 혈액 순환이 멈추거나 원활하지 못할 때처럼 심각한 증상이 나타나게 된다.

금융거래는 그 방법에 따라 직접금융과 간접금융으로 구분한다. 자금이 마지막으로 빌려주는 곳(예금자 등)에서 마지막으로 빌리는 곳(기업 등)으로 직접 공급되는 경우를 직접금융이라고 하며, 두 곳 사이에서 예금을 받아 빌려주는 업무를 하는 중간 존재(=금융기관)가 있어 자금수요의 중개 역할을 수행하는 경우를 간접금융이라고 한다.

예를 들어 A사가 사세 확장을 목적으로 새로운 공장을 짓기 위해 자금을 조달하는 경우를 생각해 보자. A사의 자금 담당자는 은행을 방문하여 돈을 빌리기 위한 의논을 하게 될 것이다. 은행은 개인과 기업이 바로 쓸 필요가 없는 돈을 맡아서 운영하는 일을 하고 있기 때문에 'A사를 믿을 수 있다'고 판단되면 융자를 해줄 것이다. 이처럼 자금을 빌려주는 쪽과 빌리는 쪽 사이에 은행 등 금융기관이 끼어 있는 거래를 간접금융이라고 말한다. 그러나 기업은 은행 대출이 아니라 주식이나 회사채를 발행해서 자금을 조달하는 방법을 선택할 수도 있고, 그것이 유리한 경우도 있다. 주식과 회사채 발행은 증권회사와 은행의 도움을 받기는 하지만 기본적으로 중개자 없이 자금의 공급자에게서 직접 조달하는 것이나 마찬가지이기 때문에 직접금융에 해당된다. 즉 직접금융을 중개하는 증권회사(넓은 의미의 금융기관)는 자신의 재산과 부채를 표시하는 밸런스시트(balance sheet)를 변화시키는 자산전환(asset transformation)에 따라 중개기능을 수행하는 은행과는 성격이 다르다고 할 수 있다.

2) 금융기관의 역할

그렇다면 사회 전체적으로 볼 때 돈은 남는 곳에서 모자란 곳으로 어떻게 흘러가는 것일까? 공공부문을 담당하는 정부, 상품과 서비스를 창출하는 기업, 그리고 개인소득으로 소비를 담당하는 가계 등 3개의 경제주체 사이에서 돈의 흐름을 연계하는 금융부문이 있다고 생각하면 쉽게 이해할 수 있다. 가계부문에서는 소득의 일부를 소비하고 나머지는 저축을 한다. 기업은 상품과 서비스의 매출이익만으로는 미래의 사업확장을 위한 투자자금을 모두 충당하기 어렵다. 따라서 기업은 자금이 부족한 부문에 해당한다. 중앙정부와 지방자치단체 등 공공부문은 재정수지가 적자인 경우는 부족, 흑자인 경우에는 잉여가 발생한다. 이렇게 해서 사회 전체적으로 보면 3개 부문에서 자금의 과부족현상이 나타나게 되고 이들 부문 간의 중개역할을 수행하는 존재가 바로 금융부문인 것이다.

금융부문에서 활동하는 금융기관은 돈의 공급자와 수요자 사이에서 자신의 밸런스시트(balance sheet)를 변화시켜가며 중개자의 임무를 수행한다. 또는 금융자산・부채 보유자가 자신의 밸런스시트(포트폴리오)를 변화시키는 경우에 도움을 주는 역할도 한다. 그리고 그 과정에서 신용리스크, 시장리스크(금리, 가격변동, 환율리스크 등), 유동성리스크, 경영관리리스크(경영, 사무, 전산리스크 등)와 같은 다양한 리스크를 부담하는 동시에 거래비용 절감을 추구함으로써, 경제시스템의 효율화와 안정화에 기여하는 역할을 담당한다. 또한 유동성 또는 지불결제 수단 제공도 금융기관의 중요한 역할 중 하나이다.

앞서 설명한 이러한 내용은 금융기관의 고전적 기능에 속한다. 최근에는 정보의 경제학을 금융분야에 응용하는 사례가 증가하고 있기 때문이다. 즉 금융이라는 일을 하는 과정에서 자체적으로 만들거나 외부로부터 입수하여 축적하고 있는 정보가 중요한 역할을 수행하고 있다. 따라서 금융업을 일종의 정보산업으로 간주하는 경향이 강해졌다. 최종적으로 자금을 빌리는 사람과 빌려주는 사람 사이에는 서로 상대의 존재조차 잘 모르는 경우도 있고, 한쪽은 알고 있지만 다른 쪽은 그렇지 못한 경우 등 정보의 비대칭성이라는 문제가 항상 존재하여 자금의 원활한 흐름을 방해하는 요인이 되기도 한다. 금융기관은 두 사람 사이에서 돈을 빌리는 사람에 관한 정보를 수집하여 축적하고 신용도를 심사한 후 대출을 결정한다. 그런 다음 자금이 계약조건에 따라 사용되고 있는가를 감시함으로써 정보의 비대칭성으로부터 발생하는 거래비용을 경감하는 역할을 수행한다. 금융기관이 갖고 있는 이러한 정보를 생산하고 전달하는 기능은 금융자산 혹은 금융부채를 안고 있는 사람이 밸런스시트(balance sheet) 구성을 변화시키는 과정에서도 동일하게 발휘된다.

3) 금융시장이란

금융시장이란 경제주체 사이에서 금융거래가 이루어지는 장을 말한다. 물론 물리적으로 그런 거래가 이루어지는 장소가 반드시 있는 것은 아니다. 금융시장에서 말하는 시장의 개념은 경제학에서 말하는 시장과 다를 것이 없지만, 남대문시장이나 청과물시장처럼 특정한 건물이나 장소를 뜻하는 것은 아니다. 오히려 경제주체가 경제활동을 하는 데 필요한 돈을 취급하는 시스템이라고 보는 편이 적절할 것이다. 돈의 거래는 한국은행 혹은 일본은행과 같은 중앙은행과 시중은행, 시중은행간, 시중은행과 기업, 시중은행과 예금자나 소비자 사이에서 주로 발생한다. 일반적으로 자금이 융통되는 이러한 모든 장소를 금융시장이라고 하지만, 중앙은행을 포함한 금융기관끼리의 자금융통만을 한정해서 금융시장이라고 하는 경우도 있다.

금융시장은 금리나 주가와 같은 금융상품의 가격을 결정하고, 결정된 가격을 통해 돈을 필요로 하는 수요자의 신용과 수익성 등에 관한 다양한 정보를 전달한다. 이러한 다양한 정보는 시장참여자에게 금융거래에서 발생할 수 있는 각종 리스크를 잘 관리할 수 있도록 도와준다. 뿐만 아니라 금융시장은 시장참여자를 감시하고 평가하는 규율기능도 하고 있다. 사업 확장을 계획하고 있는 기업이 필요한 자금을 주식이나 채권을 발행하여 조달하고자 할 경우 시장의 반응을 고려하게 된다. 그런데 금융시장이 이러한 계획을 부정적으로 평가하면 해당기업의 자금조달 비용이 높아지고 주가는 하락할 가능성이 높아지기 때문에 당초 계획을 축소하거나 단념해야 하는 일이 생길 수도 있다.

금융시장은 거래단계와 자금의 성격에 따라 여러 유형으로 구분된다. 거래 단계에 따라서는 발행시장과 유통시장으로 구분한다. 자금수요자가 주식이나 채권을 새로 발행하여 자금을 조달하는 발행시장은 발행자인 기업과 중개 역할을 하는 증권회사가 서로 거래하는 세계로 보면 된다. 반면 유통시장은 이미 발행된 금융상품이 거래되는 시장으로, 보유하고 있던 주식이나 채권 등을 손쉽게 현금으로 바꿀 수 있게 해준다.

성격에 따라 금융상품은 1년 이상의 금융상품을 주고받는 장기금융시장과 기간이 1년 이내인 자금을 취급하는 단기금융시장으로 구분한다. 화폐시장이라고도 하는 단기금융시장은 ① 금융기관만이 참여하는 은행간시장(interbank market), ② 일반 기업과 학교법인 등 비금융기관에 대해서도 문호를 개방하는 공개시장(open market) 등이 있다. 그리고 은행간시장에는 금융기관끼리의 극히 짧은 기간에 자금을 거래하는 콜(call)시장, 어음을 통해 자금을 거래하는 기업어음(CP ; commercial paper)시장이 있다. 공개시장에는 채권을 일정 기간 후에 일정한 가격으로 다시 사는(또는 다시 파는) 조건을 붙여서 거래하는 환매조건부채권매매(RP ; repurchase agreement)시장과 양도성예금증서(CD ; negotiable certificate of deposit)를 매매하는 CD시장 등이 있다.

단기금융시장에서 거래되는 금융상품은 장기상품에 비해 금리변동에 따른 가격변동폭이 크지 않아 원금손실의 위험이 적으며 유통시장에서 해당 상품을 팔아 쉽게 자금을 회수할 수 있어 유동성 위험도 크지 않다. 단기금융시장 참가자의 대부분은 위험을 회피하려는 경향이 높고 금융상품의 수익성보다는 안전성과 유동성을 중시한다고 할 수 있다.

금융의 패러다임이 '진짜' 바뀌었다

금융위기는 우리에게 '금융이란 무엇인가'를 다시 생각하게 만든다. 몇 차례 위기를 겪었음에도 왜 '동양 사태'는 반복되는 것일까? 아직도 많은 사람들이 금융의 패러다임이 바뀌었음을 제대로 인지하지 못한 탓일 것이다.

금융이란 '자금의 융통'의 준말이다. 전통적인 금융은 '돈의 여유가 있는 곳'에서 '돈이 부족한 곳'으로 자금을 융통해주는 것이었다. 이런 금융의 의미가 바뀌었다. '자금의 융통'에 '리스크 관리'가 추가된 것이다. 과거에는 기업의 신규투자나 정부의 대규모 인프라사업 등을 위해 자금을 모으는 일이 중요했다. 그러나 다양한 자금조달기법이 개발되면서 자금부족현상은 많이 해소됐다. 반면 경제가 개방화 · 자유화되면서 주가, 환율, 부동산가격 등의 급격한 변동에 따른 위험은 매우 커졌다. 이런 리스크 관리가 금융의 주요 업무로 추가된 것이다.

종전까지 '리스크 관리'라면 보험을 떠올렸다. 그런데 보험에는 한계가 있다. 화재나 자동차 보험의 경우, 사고 난 자는 소수에 불과하다. 수많은 가입자들이 보험료를 갹출해 사고 발생자에게 보험금을 몰아줌으로써 위험부담을 완화할 수 있었다.

그러나 경제적 재난은 다르다. 예컨대 환율 폭등이나 주가나 지가의 폭락 시 수많은 사람들이 동시에 고통을 받는다. 따라서 미래에 발생할 수 있는 이런 위험에 대비한 새로운 수단이 필요해졌다.

주가 폭락으로 많은 투자자가 고통받는 것을 지켜본 버클리 대학의 헤인 리랜드 교수는 1976년 교통사고에 대비한 상해보험과 같은 주식투자 방법을 고민했다. 그는 곧 풋옵션을 떠올렸다. 풋옵션은 주식가치가 떨어질 것을 대비해 미리 정해진 가격에 팔 수 있는 권리를 사는 것이어서 주가가 폭락하더라도 일정가격을 보장받을 수 있다. 풋옵션은 일종의 보험이다. 이것으로 주가변동에 따른 리스크를 줄일 수 있지만 문제는 옵션가격을 얼마로 해야 하는지 알 수 없었다. 옵션가격을 계산할 수 있다면 리스크의 가격 산출이 가능해진다. 또 리스크의 가격이 매겨진다면 이를 사고파는 시장도 만들 수 있다.

한편, 1973년 시카고 대학의 피셔 블랙과 마이런 숄스는 옵션가격결정 모형을 만들었다. 1960년대 이미 미국의 장외시장에서는 대형 상장주식의 옵션이 거래되고 있었다. 그러나 이때 가격은 어림짐작으로 책정됐기 때문에 시장을 활성화시키기 어려웠다. 이들은 현재 주가, 가격변동성, 기간, 금리 등의 데이터를 활용해 주식옵션의 이론가격을 도출했다. 이론가격의 산출에 따라 리스크의 가격 매김이 가능해진 것이다.

그 결과, '리스크 관리'의 큰 장이 열렸다. '파생금융'이라 불리는 시장이 바로 이것이다. 은행, 증권사들은 개인이나 기업의 자산 중 리스크를 떼어내 거래하면서 리스크 관리에 적극 나서고 있다.

'리스크 관리'는 종전의 '자금 융통'이라는 금융의 패러다임에 큰 변화를 가져왔다. 1997년 숄스가 옵션가격이론으로 노벨경제학상을 받은 이래, 올해 노벨경제학상도 결국 리스크 관리와 연관된 자산가치 연구자들에게 돌아갔다. 리스크 관리 금융은 이미 세계적 관심사가 됐다.

출처: 헤럴드경제 (2013.10.18).

2. 일본의 금융

1) 일본은행과 금융정책

금융정책이란 통화 공급을 조정(돈의 흐름을 조정)해서 민간기업과 가계경제에 영향을 주어 궁극적으로는 국민의 경제적 후생을 향상시키는 것이다. 금융정책의 구체적인 목표로는 고용증대, 소득향상, 인플레이션 억제 등을 들 수 있으나, 실제 최종 목표는 당시의 사회경제 상황 변화와 함께 바뀌는 것이 일반적이다. 현재 일본은 성장률은 낮더라도 지속적인 성장을 실현하면서 물가를 포함한 경제의 안정을 목표로 삼고 있다. 정책당국은 이러한 목표 달성을 위해서 기동적인 정책운영이 필요하다고 판단하고 있으며, 그 구체적인 수단으로는 금리

정책, 공개시장조작, 예금준비율조작 등이 쓰이고 있다. 금융정책을 담당하는 주체는 중앙은행인 일본은행이며, 일본은행은 다른 중앙은행과 마찬가지로 발행은행, 은행의 은행, 정부의 은행 등의 기능을 수행하고 있다.

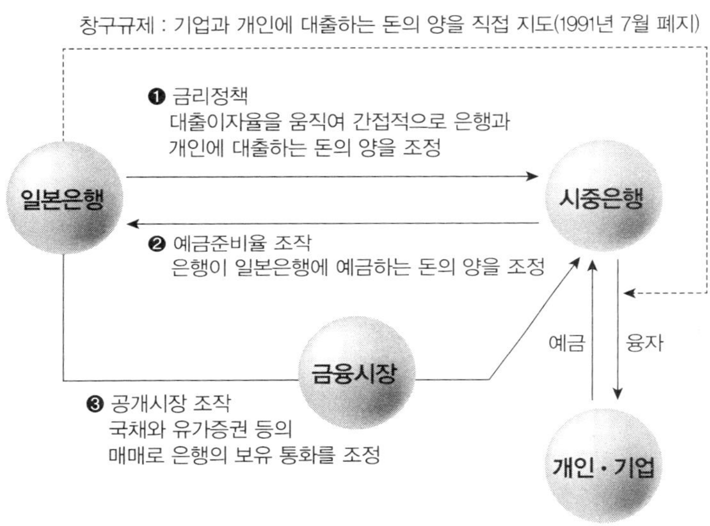

그림 10-1 일본은행의 3대 금융정책

먼저 일본의 금리정책은 일본은행이 시중은행에 자금을 대출할 경우의 금리를 말하는 재할인율을 움직이는 것으로 재할인율정책이라고도 한다. 재할인율을 인상하면 시중은행들은 일본은행으로부터의 차입비용이 높아지기 때문에 개인이나 기업에 대한 대출금리를 올리게 된다. 각종 금리의 가장 기본이 되는 재할인율이 인상되면 금리체계 전체 수준이 상승하는 결과가 초래된다. 각종 금리가 상승하면 기업과 가계경제의 자금수요는 당연히 감소하고 시중은행의 대출도 줄기 때문에 사회 전체의 통화량은 줄어들게 된다. 반대로 재할인율을 낮추면 시중은행이 일본은행에 지불하는 금리가 줄기 때문에 시중은행은 차입을 늘리게 된다. 또한 시중은행의 대출금리가 낮아져 가계와 기업에 대한 대출도 증가하면서 결과적으로 사회 전체의 통화량은 늘어난다.

과거 일본의 재할인율 변화 추이를 살펴보면 총 3차례의 피크가 관측된다. 두 번의 석유위기 이후인 1974년과 1980년에는 재할인율이 9%까지 상승했었다. 버블붕괴 이후의 부실채권 문제가 불거지면서 일본은행은 재할인율을 급격히 낮추기 시작했으며, 1991년 7월 이후 7차례에 걸쳐 금리를 인하하여 1993년 7월에는 1.75%로 사상 최저를 기록했다. 1995년 9월에는 재할인율이 0.5%로 내려가면서 사상최저 수준을 다시 갱신했으며 2001년 3월에 다시 최저치를 갱신하여 0.25%까지 내려갔다. 같은 해 9월 11일 미국에서 발생한 테러사건으로 금융환경이 불안해지자 일본은행은 다시 0.1%로 재할인율을 낮췄다. 2006년 7월에는 2001년 3월부터 다시 실시되었던 제로금리정책이 해제되어 재할인율이 0.4%가 되었으며, 그 이후 2007년 2월에 다시 0.75%를 기록했다가 2013년 5월 현재 0.3%에 머물러 있는 상태이다. 참고로 일본은 재할인율에 대해 그동안 공정보합(公定歩合)이라는 용어를 써 왔으나 정책금리의 의미를 강조하는 차원에서 2006년 8월 기준할인율(基準割引率)로 명칭을 변경했다.

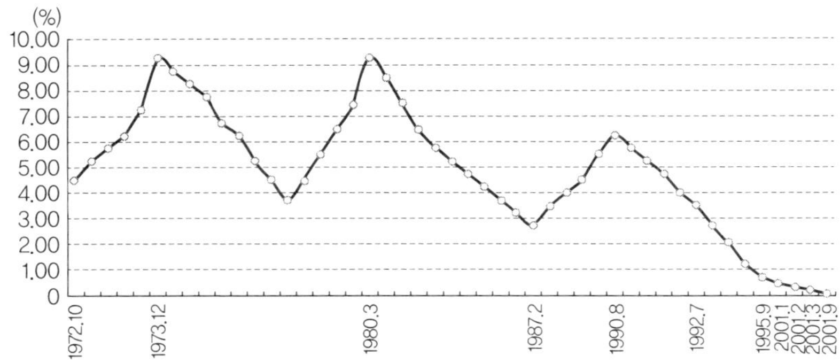

그림 10-2 일본 재할인율 변화 추이

출처: 日本銀行 발표자료를 근거로 작성

공개시장조작은 일본은행이 공개된 금융시장에서 시중은행을 상대로 유가증권을 매매하여 자금량을 조절하는 금융정책을 말한다. 경기가 과열되었다고 판단되어 금융긴축을 할 경우에는 보유하고 있는 유가증권을 금융기관에 매각하여 민간의 자금을 흡수한다. 반대로 불황에는 자금수요를 완화하기 위해 금융기관이 보유하고 있는 유가증권을 사들여 통화를 시중에 공급한다. 공개시장조작은 금리를 움직여 시중은행이 대출하는 통화량을 간접적으로 조정하는 금리정책과는 달리, 통화량을 직접 조정하는 것이기 때문에 효과가 빠르게 나타나는 장점이 있다. 공개시장조작은 19세기 말 영국은행이 처음으로 시작했다고 알려져 있으며, 현재는 세계 각국에서 유력한 금융정책 수단으로 활용되고 있다.

예금준비율조작은 은행예금의 일정비율(준비율)을 일본은행의 당좌예금계좌에 강제적으로 입금시켜 그 비율을 움직이면서 통화량을 조정하는 정책이다. 일본은 1957년부터 이 금융정책을 시행하고 있으며, 시중은행은 매달 15일에 미리 정해놓은 금액=예금준비를 일본은행의 은행 명의에 입금하도록 되어 있다. 일본은행은 경기가 과열되었다고 판단하면 예금준비율을 높인다. 그렇게 되면 그 만큼 시중은행이 보유하게 되는 대출자금이 줄어들 뿐 아니라 사회 전체의 통화량이 감소하게 된다.

2) 금융정책의 변화과정

지금까지의 일본 금융정책 수단을 되돌아보면 금리정책, 예금준비율조작, 공개시장조작 순으로 제도가 정비되면서 오늘에 이르고 있음을 알 수 있다. 그러나 그동안 줄곧 금융정책의 중심적인 역할을 수행했던 수단은 가장 먼저 시행에 옮겨졌던 금리정책이었다. 특히 1960년대 고도경제성장기에는 금리정책과 더불어 창구규제(일본은행이 시중은행에 대해 대출 증가액을 적정 수준으로 유지하도록 지도하는 것)와 같은 대출정책이 금융정책의 근간을 이루고 있었다. 이 시기에 이러한 금융정책 수단이 효력을 발휘할 수 있었던 이유는 민간금융기관의 자금력이 빈약하여 운전자금의 일정부분을 일본은행에 의존할 수밖에 없었기 때문이다. 당시 시중은행들은 해외에서 자금을 조달하는 것이 거의 불가능했기 때문에 일본은행의 통제 관리를 받았고, 기업은 자기자본비율이 낮아 오로지 간접금융에 크게 의존해야 했다.

1970년대 이후부터 기업의 자기자본비율이 높아지면서 무차입금기업이 증가하기 시작했다. 공사채 시장과 같은 국내 자본시장과 해외

금융기관으로부터 자금을 조달하는 등 기업의 자금조달방식이 다양해졌다. 그리고 이 무렵부터 민간 금융기관의 자금력이 풍부해지는 등 국내 금융환경이 급변했다.

이렇듯 기업과 은행을 둘러싼 내외 경제환경 변화와 1980년대 이후의 '금리자유화'에 따라 종래의 창구규제와 금리정책 효과는 점차 약해졌다. 재할인율의 움직임과 연동하여 모든 금리가 움직이는 규제금리 체제는 무너지기 시작했고, 금리는 시장의 실세금리에 연동하여 움직이게 되었다. 각종 금리는 서로 상호 연동하는 상태에 있었으나 그 변동의 실질적인 출발점이 반드시 재할인율이 아닌 상태가 되었다. 현재는 재할인율이 움직이더라도 은행의 자금조달 비용에 직접 영향을 미치는 일은 거의 없어졌다고 볼 수 있다. 가장 즉효성이 높다고 평가받았던 '창구규제'도 1991년에 폐지되었다.

물론 그렇다고 일본에서 금리정책을 전혀 쓰지 않는 것은 아니다. 여전히 재할인율 인상 혹은 인하를 통한 금융정책을 실시하고 있으나 전적으로 금리정책에만 의존하는 것이 아니라 다른 정책수단과 함께 시행하는 것이 일반화되어 있다.

가령 일본은행이 금융긴축 정책을 실시할 경우, 우선 일본은행은 보유하고 있는 유가증권을 단기금융시장(은행이 자금과부족을 조정하는 장소)에서 매각해서 금융긴축과 관련된 환경을 정비한 이후 재할인율 인하를 단행한다. 재할인율 조정이라는 금리정책은 일본은행의 경기판단과 금융정책에 대한 기본적 지표로서의 의미를 가지는 데 그치고 있다고 볼 수 있다. 실제로 일본의 재할인율은 시장금리 동향을 뒤따라가는 형태로 움직이고 있다.

금융의 자유화와 국제화에 따라 일본의 이러한 금리정책은 과거처럼 만병통치약과 같은 효능을 보이지는 못하고 있다.

이러한 상황에서 최근 일본에서 유력한 금융정책 수단으로 부상하고 있는 것이 공개시장조작이다. 공개시장조작으로 단기금융시장의 통화량을 조정함으로써 단기금융시장 금리를 적정 수준으로 유도하고 사회 전체의 통화 공급량에 영향을 주는 방법을 주로 선택하고 있다.

금감원, '봐도 모르는' 한자 · 일본식 금융용어 실태 점검

금융감독원이 어려운 한자어와 일본식 표현이 적지 않은 금융용어에 대한 실태 점검에 나서기로 했다. 금융 소비자의 눈높이에 맞는 금융용어를 쓰라고 금융회사에 요청했지만 일선에서 지켜지지 않은 사례가 많다고 봤기 때문이다.

금감원은 은행, 보험, 카드 등 금융회사가 표준약관 개정 작업을 진행할 때 순화된 용어를 반영했는지를 점검할 계획이라고 8일 밝혔다. 금감원은 지난 5월 어려운 한자어 36개, 뜻이 모호하거나 오해하기 쉬운 용어 46개, 일반인들이 이해하기 어려운 전문용어 30개 등 모두 114개 용어를 알기 쉽게 바꾸도록 금융회사에 지도공문을 발송했다.

금감원은 개선된 용어를 제시하는 데 그치지 않고 적극적인 점검으로 금융회사가 이를 조속히 반영하도록 할 계획이다. 어려운 금융용어는 고객의 이해도를 떨어뜨려 보험이나 증권 등에서 불완전판매로 이어질 수 있기 때문이다.

최근 동양그룹 계열사의 기업어음(CP)과 회사채 불완전판매 사태는 어려운 금융용어 때문이라는 지적도 있다. 한국소비자원이 증권 펀드를 구매한 소비자 500명에게 펀드 명칭을 통한 상품 이해도를 조사한 결과, 주된 투자 대상을 펀드 이름으로 알 수 있었다는 응답률은 29%에 불과했다.

금감원이 개정을 권장한 용어는 개비 → 열다, 상위하다 → 서로 다르다, 양안시 → 두 눈을 뜨다, 해태하다 → 게을리하다, 당발 송금 → 해외로 보내는 외화 송금, 원가하다 → 이자를 원금에 가산하다, 회보하다 → 답을 알려주다, 캐스트료 → 석고붕대료 등이다. 금감원은 지난 6월 홈페이지에 국민 제안 코너를 신설해 소비자들이 어려운 금융용어 개선을 직접 건의할 수 있도록 했다. 주기적인 설문조사도 실시해 금융용어 순화를 시도할 방침이다. 금감원 관계자는 "내년에도 올해와 마찬가지로 전면적인 금융용어 수정 작업을 할 계획"이라고 말했다.

-출처: 경향신문 (2013.10.08)

CHAPTER 11

재정

CHAPTER

11 재정

1. 재정의 이해

1) 국가와 재정

시장경제는 원칙적으로 기업과 개인의 자유로운 경제활동을 인정함으로써 성립된다. 이는 생산, 유통, 소비와 같은 경제활동에 제한을 받지 않을 때 가장 이상적인 자유경쟁이 가능해지고, 사람, 물자, 돈 따위의 경제자원이 가장 이상적으로 배분된다는 생각을 바탕에 두고 있다. 제한된 자원이 가장 적절하게 배분되는 곳이 바로 시장이며, 그러한 이상적 배분을 위해 존재하는 것이 가격이다. 이렇게 보면 시장과 가격에 관한 한 국가나 정부가 할 수 있는 역할이 없어 보이는 것이 사실이다. 오히려 정부가 이것저것 개입하고 간섭하면 시장 구조와 가격 구조가 효과적으로 작동하지 않을 우려가 있다. 경제학의 많은 초석을 다졌다고 평가받고 있는 영국의 애덤 스미스는 이미 200년 전에 그의 대표작 《국부론》에서 국가의 역할을 ① 국방, ② 사법 · 경찰, ③ 공공사업 등 세 가지로 제한해야 한다는 이른바 '야경국가론'을 주장한 바 있다.

우리가 일상생활을 영위하면서 필요로 하는 다양한 재화와 서비스는 거의 모두 기업이 생산하고 공급하여 시장에서 자유로운 거래를 통해 구입할 수 있다. 그렇지만 우리는 시장에서 구입할 수 없는 것들도 적지 않다는 것을 알고 있다. 우리의 생명과 재산을 지키는 데 필요한 국방, 치안, 소방 등의 공공재가 그렇다. 그뿐 아니라 철도, 도로, 항만, 공항 등과 같이 건설에 막대한 자금이 들어가는 사회간접자본도 민간에서 담당하기에는 한계가 있기 때문에 모두 정부의 몫이 된다. 이렇듯 국가정부의 활동 범위는 날로 다양해지고 넓어지고 있다.

현대의 정부는 국민의 생활과 밀접한 관련이 있는 일들을 한다. 수많은 정책을 통해 우리 생활에 직접 · 간접적으로 영향을 주고 있기 때문이다. 공공재 생산에 직접 · 간접적으로 관여하여 가계와 기업에게 제공하며, 이러한 일을 수행하기 위해 공무원을 고용하고 민간 부문에서 생산한 재화와 서비스를 구매하는 역할도 한다. 즉 정부는 시장경제 안에서 생산자인 동시에 소비자로서, 그리고 거대한 고용주로서 경제활동을 하고 있는 것이다.

정부의 이러한 경제활동은 금전적 뒷받침이 없으면 시행될 수 없으며, 이러한 금전적 뒷받침은 결국 재정에 의해 달성된다. 재정(public finance)이란 정부가 각종 공공정책을 수행하기 위한 자금을 조달 · 관리 · 지출하는 경제활동을 뜻한다. 그렇기 때문에 재정은 정부활동을 금전이라는 양적인 측면에서 규정하고 있다고도 할 수 있다. 이 돈은 가계와 기업으로부터 거두어들이는 세금과 공기업을 운영하여 벌어들인 수입, 그리고 국공채 발행 등으로 충당되고 있다. 이렇듯 정부가 나라 살림을 위해 추진하는 여러 가지 수입 · 지출행위를 재정활동이라고 한다.

현대사회에서도 '재정은 민간의 경제활동을 보조하고 지원하는 것'이라는 원칙에는 이론의 여지가 없을 것이다. 그러나 지금은 그 옛날 야경국가론에 입각하여 재정의 역할과 기능을 제한해야 한다는 의견을 전면적으로 지지하기는 어려운 시대가 되었다. 왜냐하면 과거에 비해 정부의 활동 범위가 넓어지면서 재정의 역할과 기능이 추가되었기 때문이다.

2) 정부 재정의 세 가지 역할

정부 또는 공공부문이 하는 재정활동은 재정정책을 수행하기 위한 수단으로도 해석할 수 있다. 재정의 기능에 대해서는 일반적으로 자원배분, 소득재분배, 경제안정화 등 세 가지를 들고 있다. 그러나 재정정책(구체적으로는 재정지출과 세제에 관한 각종 정책적 조치)을 생각할 경우에는, 이들 세 가지 요소의 복잡한 조합을 풀어헤쳐 각각에 대해 최소한의 비용으로 최대의 효과를 올리는 것이 필요해진다. 재정지출과 세제는 단순히 수지를 맞춰본다든지 수요를 환기시키는 정도의 단기적인 수단뿐 아니라 장기적으로는 경제를 어느 특정한 방향 — 민간의 활력을 높여 경제 전체를 활성화시키는(=잠재경제력 제고) 방향 — 으로 유도하는 수단이 되기도 한다.

(1) 자원배분 조정

자본주의사회에서의 자본배분은 기본적으로 시장에 맡겨져 있다고 보는 것이 맞다. 그러나 경우에 따라서는 시장의 자원배분 기능이 제대로 작동하지 않아(경제용어로는 '시장의 실패'라고 한다) 정부가 직접 개입하거나 보조금이나 세금과 같은 간접적인 수단을 통해 여기에 관여하는 것이 필요하거나 또는 바람직한 분야가 있다고 판단된다. 방위, 경찰, 소방, 항만, 교량, 도로 등 공공재로 불리는 재화와 서비스에 대해서는 정부가 직접 관여를 하고, 교육과 의료서비스 등의 준공공재에 대해서는 간접적인 지원을 통해 관여하게 된다.

공공재는 배제불가능성과 비경합성이라는 특징을 가지고 있다. 배재불가능성이란 대가를 지불하지 않는 사람을 대상에서 배재하는 것이 불가능 또는 곤란하다는 것을 의미한다. 비경합성이란 어떤 사람의 재화 및 서비스의 소비가 다른 사람의 그것을 감소시키거나 방해하지 않는 것을 의미한다. 공공재와 달리 사유재는 경합적으로 다른 사람을 소비에서 배제할 수 있기 때문에 재화를 얻을 때 그 대가를 치르려고 하지만, 공공재는 비경합적이어서 다른 사람을 소비에서 배제할 수 없기 때문에 다른 사람의 지불이나 부담에 무임승차하려는 사람들만 시장에 생겨나게 되어 시장이 제대로 기능하지 않게 된다.

대표적인 사례로 국방서비스를 들 수 있다. 국방서비스는 일단 제공되면 대가를 지불하지 않은 사람이라 하더라도 국방서비스를 소비하지 못하게 할 수 없다. 즉 국방서비스를 구입하지 않아도 그 서비스를 사용할 수 있기 때문이다. 결국 아무도 자기 돈을 내고 국방서비스를 구입하려고 하지 않을 것이다. 그러면 국방서비스 공급자는 채산이 악화되어 시장에서 퇴출하게 되고 결국 외부 침략에 대한 방어능력이 없어져 사회는 혼란에 빠지게 될 것이다. 이처럼 시장에서 적정한 자원배분이 이루어지는 것은 그 재화의 사용에서 다른 사람을 배제할 수 있는 사유재에 한정된다.

⑵ 소득재분배

시장원리에 근거한 소득분배는 항상 공평하고 공정한 것은 아니다. 시장에 소득분배를 전적으로 모두 맡겨두면 자본, 토지, 노동력과 같은 생산요소가 없는 사람의 소득을 보장할 수 없게 된다. 결국 계층간 소득격차가 발생하고 그 격차가 심화되면 사회통합 자체가 위험해질 수 있다. 그래서 이러한 위험을 해소하기 위해 복지국가를 추진하고 있는 것이다. 복지국가의 가장 중요한 정책수단의 하나가 재정을 통한 소득의 재분배 정책이다. 즉 소득분배가 공정하고 공평하지 않을 때 등장해서 효력을 발휘할 수 있는 것이 바로 재정이다. 재정이 동원되는 구체적인 사례로는 소득세와 상속세의 누진세율(고소득자일수록 무거운 세율을 적용) 그리고 사회보장과 복지사업 등이 있다.

⑶ 경제안정화

재정에는 호황과 불황을 오가며 요동치는 경기변동을 바로잡는 기능도 포함되어 있다. 누진세율에 근거한 소득세, 경기동향에 따라 변동하는 법인세, 실업수당과 생활보호 등의 사회보장 관련지출 등이 여기에 해당되며, 이러한 제도를 '자동안정화장치' 라고 부른다. 자동안정화장치에는 정부의 재량적 정책이 없더라도 재정시스템 자체에 자동적으로 경기의 진폭을 완화시켜 주는 기능이 포함되어 있다. 호황일 때는 개인소득과 법인수익 증대에 따른 소득세·법인세 증가로 소비·투자활동은 억제되고 한편 사회보장 관련 지출은 줄어들게 된다. 반면 불황일 때 소득세·법인세는 호황기와 반대의 효과를 발휘하고, 사회보장과 관련한 지출 증가가 개인소비가 일정 수준에서 유지될 수 있도록 돕는 역할을 한다.

또 다른 재정의 경제안정화 기능은 케인즈에 의해 이론이 정립된 재량적 재정정책이다. 즉 자동안정화 기능만으로 경제의 안정을 도모하기 어려워지면 재량적 재정정책이 등장하는 것이다. 호황일 때는 재정지출을 억제하고 세금을 늘리는 한편 예산집행을 뒤로 미루기도 한다. 반면 불황일 때는 재정지출을 확대하여 공공투자를 늘리거나 감세정책으로 수요를 창출하기도 한다.

3) 어디까지가 공공의 영역인가

공공재를 공급하는 것은 분명 정부가 해야 할 역할이다. 그러나 최근 '공공재는 공공재이기 때문에 당연히 정부나 공공기관이 직접 관여해야 하는 분야이며, 민간부문의 진입을 차단 또는 제한해야 한다.'라고 처음부터 정해놓는 것은 문제가 있다는 인식이 확산되고 있다. 한마디로 '공공(公共)'이라고 하더라도 그것이 무엇을 의미하는지는 사람에 따라 차이가 크다는 뜻이다. 공공재의 정의를 보더라도 어떤 재화가 여기에 해당되는가에 대해서는 의문의 여지가 없을 정도로 명확하게 기준이 만들어져 있는 것은 아니다.

이러한 관점에서 다시 살펴보면 지금까지 당연하게 공공재로 여겼던 것 중에는 다양한 것들이 존재하고 있음을 깨닫게 된다. 일반적인 합의가 이루어져 있는 국방과 경찰은 그렇다 하더라도, 그 이외에 대해서는 정말로 정부의 개입과 관여가 없으면 작동하지 않는 것일까? 전부가 아니고 부분적으로나마 시장의 자원배분 기능이 작동할 여지는 정말 없는 것일까? 정부가 관여하지 않는 것이 보다 효율적인 결과를 얻을 수 있는 것은 아닐까? 이러한 공공재에 대한 다양한 의문이 결국 공공분야의 민영화 또는 구조개혁으로 이어지는 단초를 제공하고 있는 것이다.

따라서 공공재뿐 아니라 정부의 역할 또는 정부와 민간의 관계를 너무 경직된 관점에서 바라볼 필요는 없다. 각각의 국가가 처한 역사적 · 정치적 · 경제적 · 사회적 · 지리적 · 국제적 상황에 맞는(효율적이며 공정한) 유연한 발상으로 대처하는 것이 중요하다는 인식이 확산되는 추세이기 때문이다.

오래전 일본은 방적을 포함한 경공업분야에서 시작하여 제철, 철도, 전기통신, 항공운수 등에 이르기까지 다양한 분야를 정부 사업의 일환으로 경영했었다. 일본 국유철도가 민영화(JR)된 것은 1987년이었다. 경제발전 태동기와 같이 민간경제부문이 충분히 발달하지 못했을 때는 공공부문의 주도적인 역할 수행이 정당화될 수 있다고 보는 견해가 일반적이다. 그러나 민간경제부문이 충분히 확대 성숙한 후에도 여전히 공공부문이 자본배분에 관여하려고 하면 경제발전을 촉진하기는커녕 오히려 저해요인이 되는 경우가 많다.

"'균형재정' 달성은 … 다음 정부에"

MB정부와 현 정부 모두 '균형재정' 달성 시기를 차기 정부로 연기하는 행태를 반복하고 있는 것으로 나타났다. 재정건전성 확보 차원에서 총지출 증가율을 총수입 증가율보다 낮게 책정하는 재정준칙의 정신도 해마다 퇴색하는 것으로 드러났다. 기획재정부가 국회 기획재정위원회 새누리당 이한구 의원에게 22일 제출한 2008~2012 국가재정운용계획부터 2013~2017 계획에 따르면 MB정부와 박근혜 정부 모두 균형재정 달성 시기를 다음 정부로 넘겼다. 균형재정은 정부의 수입과 지출이 일치해 흑자도 적자도 아닌 균형에 이르는 상황으로 균형재정 달성 시기를 다음 정부로 미루는 것은 현 정부에서 우선 쓰고 재정 건전성은 다음 정부가 책임지라는 일종의 떠넘기기로 해석될 수 있다.

2008년 출범한 MB정부는 첫해에 2008~2012년 국가재정운용계획을 내면서 사실상 임기 마지막 해인 2012년에 GDP 대비 관리대상수지를 0.0%로 만들겠다고 발표했다. 일단 정권 임기 내에 균형재정을 달성하겠다는 의지는 밝힌 것이다. 그러나 전 세계적인 금융위기로 타격을 입자 MB정부는 입장을 선회했다. 2009년에 2009~2013 국가재정운용계획을 내면서 균형재정 달성 시기를 다음 정부 집권 시기인 2014년으로 미뤘다. 계획상 마지막 해인 2013년에 −0.5%에 달한 GDP 대비 관리대상수지가 2014년에는 균형재정을 달성할 것이라는 막연한 추측에 가까웠다. 2010년에 2010~2014 국가재정운용계획을 낼 때에도 유사한 입장을 유지했다.

금융위기 이후 한국경제가 예상보다 빠른 회복세를 보이자 2011년에는 균형재정 달성 시기를 앞당겼지만 이는 다음 정부 첫해인 2013년(GDP 대비 0.0%)이었다. 2012년에는 상황이 여의치 않다며 균형재정 달성시기를 다시 2014년으로 연기했다. 2013년에 출범한 박근혜 정부는 추가경정예산안 제출 기준으로 −1.8%인 GDP 대비 관리재정수지 적자비율을 임기 마지막 해인 2017년에 −0.4%로 줄일 수 있다고 제시했다. 이는 출범 첫해에 균형재정 달성 시기를 다음 정부로 넘긴 것으로 해석되고 있다. 재정건전성 강화 차원에서 총지출 증가율을 총수입 증가율보다 일정 수준 이상 낮게 가져가는 재정준칙 역시 매년 약화되고 있다.

2010~2014년 국가재정운용계획상의 연평균 총지출 증가율은 4.8%로 총수입 증가율인 7.7%보다 2.9%포인트 낮았다. 총지출 증가율과 총수입 증가율 격차는 2011~2015년 계획에서 2.4%포인트로, 2012~2016년 계획에서 1.7%포인트로,

2013~2017년 계획에서는 1.5%포인트로 점차 줄어들고 있다. 특히 내년에는 총지출이 올해 본예산 대비 4.6% 늘어나는 동안 총수입은 0.5% 감소하는 '적자재정'으로 편성돼 일각에서는 우려 섞인 시각을 보이고 있다.

출처: 서울경제 (2012.10.22).

2. 일본의 재정

1) 일본 재정, 왜 이렇게 나빠졌나

1990년대 들어오면서부터 일본 정부는 버블 불황에서 벗어나기 위해 대규모 경제정책(종합 · 긴급)을 계속해서 실행에 옮겼다. 그 결과 일본은 세계 최대 재정적자국이 되었다. 2013년 현재 일본 국가채무는 1,000조 엔을 넘어서 GDP의 228.4%에 도달했다. OECD국가 중에서 가장 높은 수준이다. 10년 전인 2002년 시점과 비교하면, 일본의 GDP 국가채무 비중이 당시에도 OECD국가 중에서 가장 높았으나, 최근 10년 사이의 상승폭은 65.7%포인트로, 아일랜드(87.8%포인트), 폴란드(70.9%포인트)에 이어 세 번째로 큰 규모이다. 많은 나라들이 GDP 대비 국가채무 비중이 상승하고 있지만 다른 나라의 속도보다 빠르게 일본의 국가채무 비중이 증가하고 있는 것이다. 구체적으로는 그 동안 세출과 세입의 차액을 메우기 위해 발행한 국채 잔액이 매년 늘어나 2013년에 750조 엔에 이를 것으로 보인다.

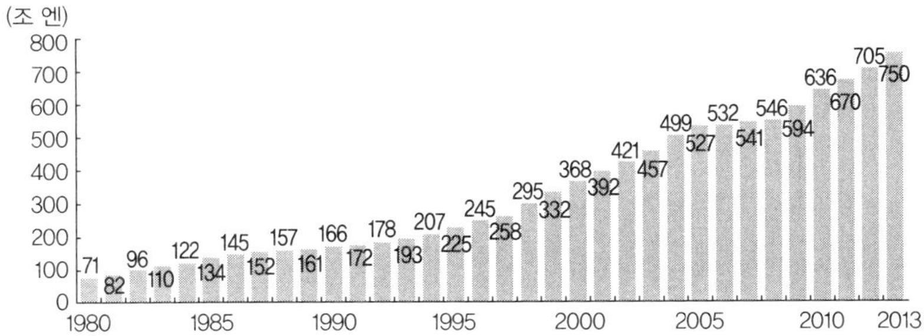

그림 11-1 일본 국채 발행 규모(누적)

출처: 日本財務省 홈페이지에서 작성

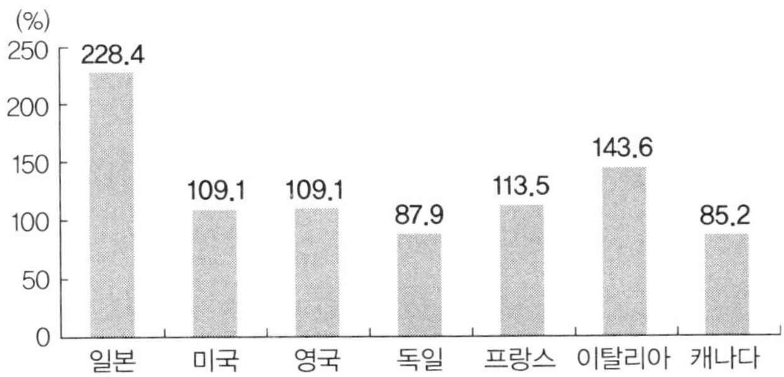

그림 11-2 주요 선진국 GDP 대비 국가채무 비중

출처: OECD (2013.06), Economic Outlook 93에서 작성

국가의 재정수지는 '경기(景氣)'라는 이름의 비행기를 날리기 위해 없어서는 안 되는 중요한 엔진으로 간주한다. 그런데 민간수요라는 또 다른 엔진이 작동하지 않은 채 반쪽비행을 너무 오래한 결과 지면으로 추락하기 일보 직전의 위험한 상황에 봉착했다. 여기에 아무리 윤활유(=금융 완화)를 쏟아 붓는다고 해도 엔진을 대신할 수는 없다.

이렇듯 1990년대 일본의 재정운영은 한마디로 국내 수요를 유발시키려는 노력으로 집약된다. 그런데 문제는 막대한 자원을 투입했는데 왜 효과가 조금도 나타나지 않았는가이다. 이러한 의문에 대해, 만약 그러한 정책을 추진하지 않았더라면 경제가 얼마나 더 나빠졌겠는가, 적어도 일본 경제가 이정도의 수준을 유지할 수 있었던 것이 바로 그 효과라는 반론도 가능하다. 그러나 수요 규모보다 중요한 것은 수요 내용이며, 그것이 앞으로 일본 경제에 어떠한 영향을 미칠 것인가에 대한 상세한 분석이 필요하다.

결국 중요한 것은 제한된 자원이 가장 필요로 하는 곳에서 가장 효율적인 방법으로 쓰이고 있는가이다. 자원이 헛된 곳에서 낭비되어 경제의 잠재성장력을 떨어뜨리는 방향으로 작동하고 있지는 않은가를 확인해야 한다. 재정지출과 세제는 현 시점의 수요를 증감시킬 뿐 아니라 앞으로의 공급능력에 영향을 미치는 측면이 크다는 것에 주의할 필요가 있다. 결론적으로 현재 일본의 재정구조는 자원의 효율적인 이용과 더불어 일본 경제의 잠재성장력을 끌어올리는 방향으로 편성되어 있다고 보기 어렵다.

앞서 재정은 자원배분, 소득재분배, 경제안정화 등 세 가지 기능을 가지고 있다고 설명했다. 이들 세 기능은 종종 서로 뒤얽혀서 각각의 기능을 발휘하기도 한다. 지금까지 추진한 경기부양(경제안정화)을 위한 일본의 재정지출은 공공재 공급을 증가시키면서(자원배분 조정) 소득재분배를 실시한 결과, 이와 관련한 방대한 기득권층을 창출시켰다. 이러한 구조가 최적의 자원배분을 방해하는 중요한 요인이라고 생각한다.

더욱이 공공부문은 보다 많은 자원을 이용할 수 있음에도 불구하고 그러한 노력을 하고 있지 않은 것으로 보인다. 구체적으로 일본은 세계에서 가장 낮은 수준의 조세와 사회보장부담률을 그대로 두고 있다. 요컨대 현재 사람들이 누리고 있는 편익과 부담하고 있는 비용과의 균형이 크게 어긋나 있다는 문제를 지적할 수 있다. 여기에도 현재 재정구조로부터 이익을 얻고 있는 기득권층이 다수 존재하고 있기 때문에, 그 시정이 장기적인 구조개혁의 중요한 테마가 되어야 할 것이다.

문제는 민간수요이다. 그동안 일본에서 적극적인 경기부양책에도 불구하고 왜 민간의 소비와 투자가 활성화되지 못했는가에 대한 이유는 복합불황 등 다양한 이론이 제기되었다. 그러나 결국 버블의 후유증으로 나타난 과잉채무, 과잉투자, 과잉고용, 그리고 그 이면에 잠재해 있던 금융기관의 방대한 불량채권의 존재가 최대 원흉이라는 점에는 이견의 여지가 없어 보인다.

2) 일본 재정, 얼마나 심각한가

일본 재정은 세출이 세입을 크게 초과하는 재정적자 상황이 지속되고 있다. 장기적인 세출 동향을 보면 1980년대 후반부터 세출규모가 급증하기 시작하여 그 이후 일단 확대규모가 줄어들었다가 1993년부터 다시 확대되었다. 2000년대 전반에는 감소추세를 보였으나 글로벌 금융위기로 역대 최대 규모의 경제대책으로 2009년에 다시 크게 증가했다. 2011년에는 동일본대지진 복구를 위한 경비가 새롭게 책정되었고, 2012년은 아베노믹스의 기동적인 재정정책에 따라 세출 규모가 높은 수준을 유지하고 있다.

세입은 1991년을 정점으로 2003년까지 감소추세를 보인 이후 2000년대 중반에 다소 증가하는 현상이 나타났다. 그러나 그 이후 글로벌 금융위기로 경기가 악화되면서 세수가 줄어 전체 세입 수준은 낮게 형성되고 있다. 지난 1980년대 중반에는 세입이 세출을 초과하는 현상이 나타났으나 1990년대 이후 세입이 늘지 않는 상황에서 세출만 확대되면서 세입과 세출의 차이가 점차 커지고 있다.

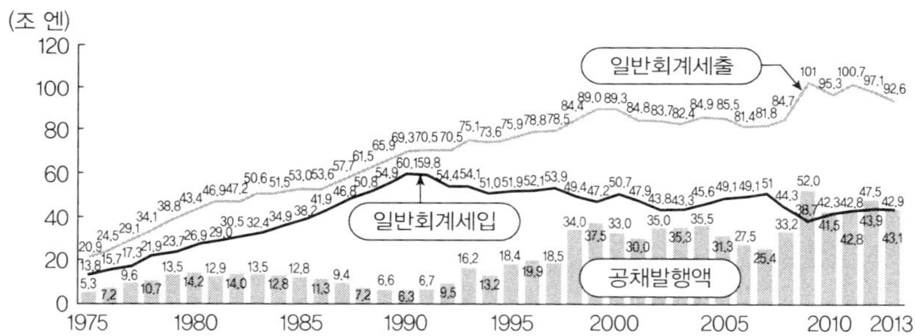

그림 11-3 일본의 세출 및 세입추이

주: 2013년은 예산 실적기준
출처: 日本財務省 홈페이지에서 작성

세출구조가 악화되기 시작한 1990년대 이후 어떤 항목에서 정책경비가 증가했는지를 알아보자. 먼저 공공사업관계비는 1990년대 초에는 경기대책에 따라 증가했으나 1998년 이후 점차 감소하고 있다. 반면 사회보장관계비는 고령화의 여파로 증가추세에 있으며, 기초연금의 국고부담비율이 2분의 1로 인상된 2009년에 경기대책의 영향으로 전년 대비 6.1조 엔이나 증가했다. 그 이후에도 높은 수준을 유지하고 있으며 2012년 사회보장관계비는 1990년 수준과 비교하여 약 2.6배에 달하고 있다. 지방정부의 세입이 되는 지방교부비는 2012년 전년 대비 감소했으나 1994년 이후 증감을 반복하면서 완만하게 증가하는 추세를 보이고 있다. 한편 전체 세출에서 차지하는 국채발행비용은 1980년 12.8%에서 2013년 24.0%로 두 배 가까이 증가했다.

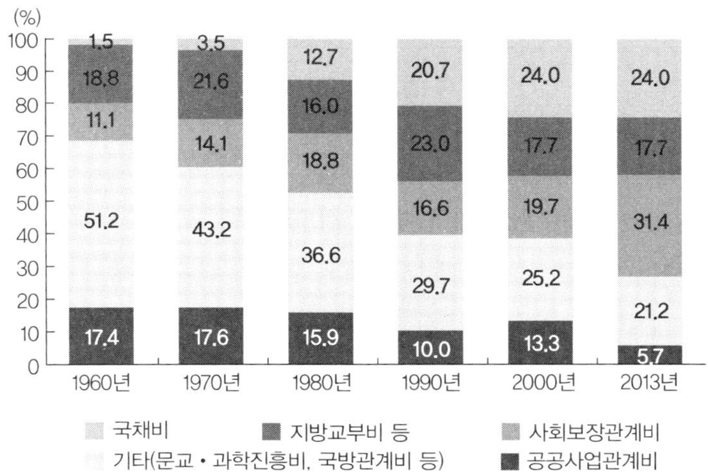

그림 11-4 세출의 각 항목별 비중 변화 추이

출처: 日本財務省 홈페이지에서 작성

다음으로 세입의 중심이 되는 세수 동향을 살펴보도록 하자. 일본 세수의 80%는 소득세, 법인세, 소비세가 차지한다. 소비세는 1997년에 3%에서 5%(그 중 국세 부분은 4%)로 인상된 이후 10조 엔 정도로 안정

적인 추이를 보이고 있다. 반면 소득세는 감소하는 추세를 보이고 있는데, 1990년에 26조 엔 정도였으나 2012년에 14조 엔에 머물러 있다. 소비세 감소요인을 구체적으로 살펴보면, 1990년대 이후 금리인하를 배경으로 이자소득에 대한 과세액이 1990년대 초 3~5조 엔 정도에서 2013년 초에는 5,000억 엔 정도로 줄어들었다. 또한 2013년 급여소득과 신고소득에 대한 과세액 합계도 1990년대 초에 비해 5조 엔 정도 감소한 상태이다. 이렇게 소득세가 감소하는 이유는 급여소득이 늘어나지 않고 자영업자와 농업종사자의 소득도 감소했기 때문인 것으로 보인다.

결론적으로 일본의 재정적자는 경기침체에 따른 세수 감소와 경기대책을 추진하는 과정에서 발생한 감세로 세입은 크게 줄어든 반면, 공공사업을 비롯한 경기대책과 고령화 등으로 사회보장관계비가 증대되어 세출이 계속 늘어났기 때문이다. 현재 일본은 거액의 정부 자금조달이 곤란할 정도의 급박한 상황은 아니지만, 적극적인 재정건전화가 필요한 시점임에는 틀림없다.

G8서 일본 재정적자 개선주문

영국 북아일랜드에서 17일(현지시간) 개막된 주요 8개국(G8) 정상회의에서 일본에 재정적자 대책을 마련하라는 주문이 쏟아졌다.

18일 아사히신문 등에 따르면 G8이 첫날 회의의 결과로 발표한 '세계경제 정상선언'은 아베노믹스에 대해 "단기 재정자극책, 대담한 금융완화, 성장전략 등이 경기회복을 지탱하고 있다"고 평가하면서도 일본이 "신뢰할 수 있는 중기 재정계획을 마련할 필요가 있다"고 지적했다. 아베노믹스의 금융완화 정책이 최근들어 주가하락을 불러일으킬 뿐 아니라 국채 가격을 떨어뜨리는 등 일본의 재정건전성에 위협요인이 되고 있음을 지적한 것이다.

이날 일본과 독일 간 정상회담에서도 일본의 재정문제가 거론됐다. 앙겔라 메르켈 독일 총리가 "일본은 큰 재정적자를 안고 있다"며 "어떻게 대처해 나갈 것인가"라고 질문하자 아베 신조(安倍晋三) 총리는 "재정건전화 목표를 달성하기 위한 중기 재정계획에 대해 구체적인 검토를 진행할 것"이라는 원론적인 답변을 했다.

이날 아베 총리는 전체회의와 양자회의 때 대담한 금융완화와 과감한 재정집행, 성장전략 등 아베노믹스의 '세 가지 화살'에 대해 설명한 뒤 "세계경제에 이바지하는 경제를 만들 것"이라고 강조했다. 아베 총리는 또 경제 회생과 재정 건전화를 병행 추진하겠다고 밝히고, 소비세 인상 구상을 재확인했다.

이에 대해 각국 정상들은 "1년 전에 비해 일본 경제가 특별히 성장하고 있다"고 평가했지만 일본과 미국 중앙은행이 추진하고 있는 대규모 금융완화가 통화가치절하 경쟁으로 이어지는 부작용을 우려하는 견해와 금융완화의 출구전략 관련 질문 등도 제기됐다고 아사히신문은 전했다.

출처: 경향신문 (2013.06.18).

CHAPTER 12

한 · 일 경제관계와 일본 경제의 향후 전망

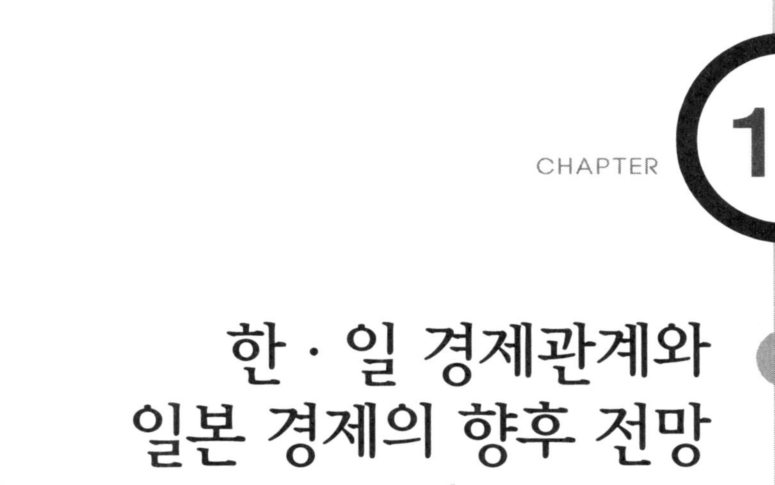

CHAPTER 12

한 · 일 경제관계와 일본 경제의 향후 전망

1. 한 · 일 경제관계

1) 더 이상 일본은 우리의 중요한 무역 대상국이 아니다

한국과 일본은 지난 1965년 한일국교정상화 이후 무역, 투자, 기술교류 등 다양한 경제교류를 추진해오고 있다. 이러한 교류와 협력은 양국 모두의 경제발전에 크게 기여한 것이 사실이다. 그러나 한일 경제관계에는 아직 해결해야 할 과제가 산적해 있다. 가장 오래되고 심각한 문제는 한일 간의 무역역조현상이다. 한일 무역관계를 상징적으로 나타나는 것이 한국의 만성적인 대일무역 적자이다. 그동안 양국 간 무역규모는 꾸준히 확대되어 왔지만 한국의 만성적인 적자구조는 변함없이 이어지고 있는 것이 사실이다. 2010년 한국이 일본으로 수출한 금액은 1990년에 비해 2.2배 증가하는 데 그쳤지만 일본으로부터의 수입은 같은 기간에 3.5배 증가했다.

2000년대 들어와 한국의 무역상대국으로서 일본의 위상이 급격히 내려가고 있다. 한국의 대일수출의존도가 2000년의 11.9%에서 2010

년 6.0%로 줄어들면서 수출시장으로써 일본의 위상이 크게 위축되고 있는 것이다. 이러한 변화는 한국과 일본이 자유무역협정(FTA)체결에 소극적인 자세로 돌아선 가장 중요한 이유 중 하나로 지적된다.

표 12-1 한국의 수출입에 차지하는 주요국가 비중 (단위: %)

연도	수출			수입		
	미국	일본	중국	미국	일본	중국
1991	25.8	17.2	1.4	23.2	25.9	4.2
1996	16.7	12.2	8.8	22.2	20.9	5.7
2000	21.8	11.9	10.7	18.2	19.8	8.0
2001	20.7	11.0	12.1	15.9	18.9	9.4
2002	20.2	9.3	14.6	15.1	19.6	11.4
2003	17.7	8.9	18.1	13.9	20.3	12.3
2004	16.9	8.5	19.6	12.8	20.6	13.2
2005	14.5	8.4	21.8	11.7	18.5	14.8
2006	13.3	8.2	21.3	10.9	16.8	15.7
2007	12.3	7.1	22.1	10.4	15.8	17.7
2008	11.0	6.7	21.7	8.8	14.0	17.7
2009	10.4	6.0	23.9	9.0	15.3	16.8
2010	10.7	6.0	25.1	9.5	15.1	16.8
2011	10.0	7.0	24.1	8.6	13.1	16.5

출처: 한국무역협회 통계에서 작성

2001년 이후 한국의 대일수출을 살펴보면, 2010년과 2011년을 제외하고 전체 수출의 증가보다 낮은 수준에 머물렀다. 일본 경기침체와 더불어 한국기업이 일본시장에서 점유율을 확대시키지 못하고 있기 때문이다. 세계 가전시장을 석권하고 있는 삼성전자와 LG전자도 유독 일본시장에서는 진입과 철수를 반복하고 있는 실정이다. 현대자동차는 2001년에 일본시장에 진출했지만 기대 이하의 성과로 2009년 11월에 승용차시장에서 철수했다.

한국제품이 최근까지 일본시장에서 고전하고 있는 이유로는 ① 고급제품 분야에서는 브랜드 파워가 있는 구미제품이, 중저가 시장에서는 중국제품이 경쟁우위에 있다는 것, ② 일본에는 아시아에서 만든 일본기업 제품이 대량으로 수입되고 있어 가격과 품질 측면에서 한국제품이 그 수준을 뛰어 넘기 어렵다는 점, ③ 특정 연령층이 여전히 한국제품은 싸고 나쁘다는 인식을 갖고 있다는 점을 들 수 있다. 일본시장 진입이 어렵기 때문에 한국기업은 구미와 신흥국에서의 시장 개척에 경영자원을 보다 많이 투입하게 되었다고 볼 수 있다.

이러한 일본의 위상 저하는 한국의 수입측면에서도 관측된다. 2006년까지 일본은 한국의 최대 수입상대국이었으나 2007년에 그 자리를 중국에게 내주었다. 소비재와 더불어 범용제품을 중심으로 생산재 수입이 증가하고 있기 때문이다.

한국의 대일수입의존도를 살펴보면 2000년 19.8%에서 2008년 14.0%까지 내려갔다가 2009년에 다시 15.3%로 오른 이후 2011년에 13%대를 유지하고 있다. 이는 한국이 수출생산에 필요한 고기능성 소재와 핵심부품, 제조장치 등을 일본으로부터 다량 수입하고 있기 때문이다. 일본이 계속해서 생산재 공급자로서의 역할을 지속하게 된다면 한국의 대일수출의존도는 앞으로도 크게 개선되지 않을 것으로 보인다. 다만 ① 한국이 부품과 소재산업 강화를 추진하고 있다는 점, ② 동일본대지진 이후 한국기업이 조달지역을 다변화하고 있다는 점, ③ EU와의 자유무역협정 발효를 계기로 독일제품 등 유럽제품으로 선회

할 가능성이 있다는 점 등을 감안하면 앞으로 대일의존도는 한층 더 내려갈 공산도 있다.

반면 수출시장으로서의 일본의 위상이 낮아지고 있는 것과는 대조적으로 일본의 대한수출의존도는 2000년 6.4%에서 2010년 8.1%로 상승하고 있다. 주요 요인으로는 한국으로의 생산재 수출이 늘어나고 있다는 점을 들 수 있다. 적극적으로 글로벌시장을 개척하고 있는 한국기업의 생산 확대에 따라 일본기업에게 '납품처로서의 한국기업'의 존재감이 커졌기 때문이다. 특히 화학제품과 제조장치, 검사장치 등이 주류를 이루고 있다.

또 다른 요인으로는 일본 입장에서 보면, 자동차 수출 증가 등 한국이 소비재 시장으로서의 매력이 증가하고 있다는 점을 들 수 있다. 이는 한국이 1990년대 말까지 실시했던 '사실상의 대일수입규제' 철폐와 관세인하 등과 관련이 있다. 한국의 수입차 시장점유율은 2012년에 독일차와 일본차를 중심으로 10%를 넘었다.

일본의 대한수입의존도는 2001년 4.9%에서 2010년 4.1%로 조금 내려갔다. 이는 일본기업의 해외생산 증가로 한국으로부터의 조달이 감소한 점과 소비재 수입이 감소 추세를 보였기 때문이다. 이처럼 2000년대에 일본의 대한 수출이 늘어난 반면 수입은 증가하지 못했기 때문에 결국 한국의 대일무역적자가 증가하는 결과가 초래되었다.

2) 한 · 일 무역 변천과정

한국은 일찍이 일본으로부터 수입을 규제하는 방법으로 무역적자를 억제해 왔다. 1978년 '수입선다변화품목제도'가 도입되었는데, 이 제도는 최대 무역적자국을 대상으로 지정품목 수입을 제한하는 것이었지만 사실상 '대일수입규제'에 가까웠다. 지정품목이 되면 한국의 종합상사 등으로 조직된 무역대리점협회를 통해 당시 상공부에 수입승인신청을 해야 했기 때문에 수입이 그만큼 어려웠다. 일본을 상대로는 승용차, 컬러TV, 가정용 비디오카메라, 공작기계 등이 지정품목이었다.

1990년대 들어오면서부터 한국의 대일무역적자 시정을 위한 본격적인 움직임이 나타나기 시작했다. 1992년 6월에 개최된 한일 정상회담에서 '한일무역불균형 시정 등을 위한 구체적 실천계획'이 합의되어 양국에 각각 한일산업기술협력재단이 설립되었다. 한국은 1990년대에 OECD 가입(1996년 실현)을 위해 그동안 추진해왔던 수입규제를 완화할 필요가 있었다. 따라서 '수입선다변화품목제도' 에 근거한 지정품목이 점차 축소되었으며, 1999년 6월 말 완전히 규제가 사라졌다. 이 규제철폐로 일본으로부터 액정모니터가 부착된 비디오카메라, 대형액정TV, 자동차, 공작기계 등의 수입이 증가하기 시작했다.

그동안 일본으로부터 수입을 규제하는 방법으로 대일무역적자를 시정해온 것과는 달리 2000년대 들어오면서부터는 ① 한국 국내 부품 및 소재산업에 대한 기술개발지원, ② 한국기업의 대일수출 촉진, ③ 일본기업 유치 및 한국기업과의 제휴 촉진 등 무역의 균형 확대를 목표로 하는 방향으로 변화하고 있다. 일본으로부터 수입이 많은 부품 · 소재산업에 관해서는 2001년에 '부품 · 소재전문기업 등의 육성에 관한 특별조치법'이 제정되었다. 2005년에는 LCD와 유기EL 등이 '10대전략 부품 · 소재'로 지정되기도 했다. 특히 최근에는 '부품 · 소재전용공업단지'가 연이어 설치되면서 일본으로부터 수입이 많은 부품 · 소재

분야를 겨냥한 기업 유치를 적극적으로 추진하고 있다.

3) 대일무역적자 무엇이 문제인가

이러한 한국의 노력에도 불구하고 액정패널 등의 분야에서는 괄목한 성과를 거두었지만, 전체적으로 대일무역적자액은 줄어들지 않고 있다. 1990년대에는 한국의 대외수출이 줄어들자 일본으로부터의 수입도 함께 감소했으나, 2000년대는 수출이 안정적인 성장세를 보이면서 대일무역 적자도 일관되게 확대되어, 2010년에는 과거 최고치인 361억 달러를 기록하기도 했다. 한국은 수출에 필요한 소재부품 및 기계장비의 상당부분을 대일수입에 의존하고 있다. 실제로 2011년에는

표 12-2 한국의 총수출 실적과 대일 수입품목 비교(2011년)

총수출의 10대 품목			대일수입 10대 품목		
품목명(MITI3단위)	금액	증가율	품목명(MITI3단위)	금액	증가율
선박 및 부품	56,588	15.2	철강판	5,726	1.9
석유제품	51,600	63.7	반도체	4,658	4.6
반도체	50,146	−1.1	플라스틱제품	4,195	−1.3
자동차	45,312	28.0	반도체 제조용장비	3,207	4.3
LCD	30,996	−4.9	기타화학공업제품	2,192	8.3
무선통신기기	27,325	−1.1	광학기기	2,094	21.9
자동차부품	23,088	21.8	유리제품	1,988	2.4
철강판	20,972	26.4	LCD제조용장비	1,857	−3.8
합성수지	19,555	14.7	석유화학중간원료	1,833	37.1
컴퓨터	9,156	0.4	합금철선철 및 고철	1,809	1.3

출처: 한국무역협회 통계에서 작성

한국의 IT관련 전기전자제품의 수출이 감소하자 일부 관련 품목들의 대일수입이 감소하는 현상이 나타났다.

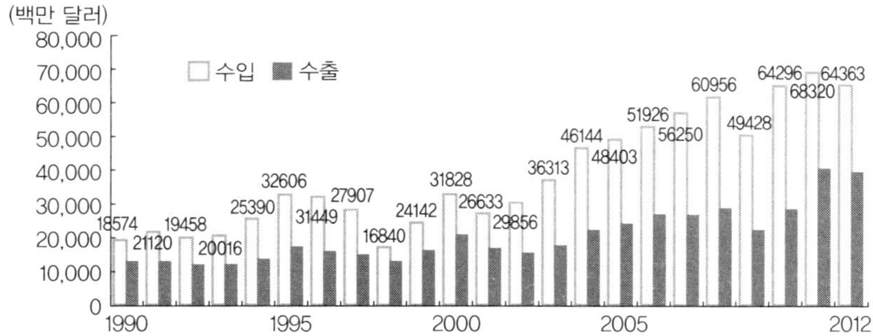

그림 12-1 한국의 대일 수출입액 추이

출처: 한국무역협회 통계에서 작성

한국의 대일무역적자는 수출생산에 필요한 생산재를 일본으로부터 대량으로 수입하고 있기 때문이다. 사실 한국의 액정TV와 반도체, 전자기기의 발전과정을 살펴보면 ① 일본이 신제품을 개발하여 대량으로 생산하고, ② 한국이 기술 도입으로 그 생산기술을 따라잡고, ③ 한국이 대규모 투자를 해서 세계의 대량생산기지가 되고, ④ 일본기업은 생산거점을 아시아로 옮기거나 한국과 대만으로부터 조달하는 패턴이 반복되었다.

한국은 기본적으로 일본과 거의 비슷한 제품을 생산하기 때문에 대량생산체제를 갖춘 직후에는 어쩔 수 없이 부품과 설비는 일본으로부터의 수입에 의존할 수밖에 없다. 그 이후 생산 확대와 기술수준 향상과 함께 일본에서 수입하던 생산재의 일부를 한국에서 생산할 수 있게 된다. 그러나 이 단계에 진입하면 다시 제조장치와 고기능소재, 핵심부품을 일본에서 들여와야 한다.

일례로 액정패널은 일찍이 한국은 일본에서 전량 수입했으나, 그 이후 한국은 대만과 함께 세계 유수의 생산기지가 되었고, 지금은 일본, 중국 등에 수출하고 있다. 생산 확대에 따라 부품, 소재의 상당부분(컬러필름, 유리기판, 편광판 등)을 국내에서 생산할 수 있게 되었다. 삼성이 세계 유수의 유리제조업체인 코닝사와 합작기업(삼성코닝정밀사, 1995년 설립)을 설립하여 액정용 유리를 생산하고, LG화학이 편광판을 생산하는 등 한국기업이 직접 생산한 경우도 있지만, 높은 세계적 기술을 보유한 외국계 기업의 한국 진출이 이들 한국기업의 기술력 향상에 크게 기여한 것은 부인하기 어려운 사실이다. 특히 일본기업의 한국진출이 적지 않은 영향을 주었다.

한국의 대일수입 특징을 알아보기 위해 2005년과 2010년 수입품목 구성을 비교해 보면, 전기기기 구성 비율이 감소한 반면 화학제품(유기화합물, 플라스틱 등)과 원료별 제품(철강, 비철금속 등)의 구성 비율이 현저히 증가하고 있는 것을 알 수 있다. 전기기기의 수입 감소는 반도체를 포함한 전자부품과 과학광학기기(액정패널을 포함)가 줄어든 영향이 컸다. 또한 금액은 크지 않지만 음향기기도 감소했다. 이들 제품은 한국 현지에서의 생산이 진행되었거나, 일본제품에서 한국제품으로 대체되었을 가능성도 있다.

세부 품목별로 살펴보면 수입이 크게 증가한 것은 플라스틱과 철강 같은 소재이다. 참고로 2010년 일본의 철강 수출상대국 순위는 ① 한국(959만 톤), ② 중국(634만 톤), ③ 대만(369만 톤), ④ 미국(149만 톤) 순이다. 한국은 대형선박의 엔진과 추진기는 대부분 일본에서 수입하고 있고, 국산화된 추진기도 그 소재는 일본으로부터의 수입에 의존하고 있다. 이러한 고기능소재 이외에 자동차, 조선, 전기기기의 표면재로 사용되는 열연강판의 상당부분이 수입되고 있다.

한일경제관계가 보다 긴밀해지기 위해서는 양국 간 자유무역협정(FTA)체결이 필요한 것은 모두가 공감하는 사실이다. 그러나 2003년 12월에 시작된 협상은 이듬해 11월 협상을 끝으로 중단된 상태이다. 당시 고이즈미(小泉) 총리의 야스쿠니신사(靖国神社) 참배로 한일관계가 급속히 냉각된 영향도 있었지만, 일본 정부가 농수산물 시장 개방을 거절한 것이 중단된 가장 중요한 이유였다. 앞서 한국의 만성적인 대일무역 적자구조를 지적했지만, 평균관세율은 한국이 일본보다 높기 때문에 자유무역협정 체결로 관세가 인하되면 단기적으로는 대일무역적자 확대가 불가피하다. '이익의 균형'을 맞추기 위해 한국은 일본 측에 농수산물시장 개방을 요구하고 있다. 한국이 일본에 대해 농수산물시장 개방을 강조하는 이유는 대일수출 확대가 기대되기 때문이다. 실제 한국의 대일 수출에서 차지하는 식료품은 2005년 5.5%에서 2010년 6.1%로 상승했다.

현 시점에서 한일 자유무역협정이 체결될 가능성은 높지 않아 보인다. 세계 여러 나라 및 지역과 연이어 자유무역협정을 체결하며 본격적인 FTA 시대를 맞고 있는 한국의 움직임에 위기감을 느낀 일본은 양자 간 자유무역협정 대신에 미국이 주도하여 여러 동아시아 국가들이 참여하는 환태평양경제동반자협정(TPP)의 협상에 참여할 뜻을 밝힌 상태이기 때문이다.

험악한 한일관계 … 결국 경제에 악영향 … 대일수출, 관광객 급감

"지리적으로, 경제적으로 볼 때 가장 밀접해야 할 한일관계가 정치적 이슈 악화로 인해 양국 교역이 위축되고 있는 것을 매우 안타깝게 생각한다."

24일 일본 시가현에서 열린 일본 중소기업 전국대회 특별 연사로 나선 김기문 중소기업중앙회장은 일본 우익 정치권에 의해 촉발된 독도와 역사 문제와 자위대 임무 강화, 이에 대한 한국 정부의 강경한 대응으로 경색된 한일관계에 우려를 표명했다. 그러면서 중소기업계가 양국 간의 갈등을 해소하고 상호교류와 협력을 복원하는 데 적극 앞장서겠다는 의지를 밝혔다.

김 회장이 모테기 도시미쯔(茂木敏充) 경제산업성 장관 등 일본 정 · 관계 인사가 다수 참석한 자리에서 한일관계 정상화의 중요성을 강조한 것은 경색된 외교 관계가 양국 산업계 간 경제협력도 저해하고 있기 때문이다.

지난 6월부터 8월까지 대일 수출액은 전년 동기 대비 매달 13~17%씩 줄어들었다. 9월에는 그나마 1%대로 폭이 줄었지만 여전히 감소세를 면치 못했다. 지속적인 경제 교류를 강조한 양국 정부의 호언장담을 무색케 하는 결과다.

물론 이와 같은 결과는 엔저 여파로 우리 상품의 가격 경쟁력이 약화된 탓이 크지만 최근 엔화 약세가 아베노믹스라는 일본 정치의 산물인데다 악화된 한일관계로 우리 정부가 의견을 개진할 창구를 제대로 마련하지 못하고 있다는 점에서 외교 문제기도 하다.

가장 직접적인 타격을 받는 업종은 여행업계다. 문화체육관광부는 일본인 관광객 유치를 담당해온 여행사 가운데 42곳에 광고 · 홍보비 명목으로 약 10억 원을 오는 12월까지 긴급 지원키로 했다. 일본관광객이 급감하면서 여행사들이 경영 위기에 몰렸기 때문이다.

일본인 관광객은 독도 사태가 촉발된 지난해 하반기 급감하기 시작해 올해 1~9월에는 지난해 같은 기간 대비 25.5% 줄어든 200만 명에 그쳤다. 일본 교도통신은 엔저 여파, 북핵 사태와 함께 한 · 일 간의 정치적인 마찰 등이 있다고 분석했다.

엔저 영향이라면 일본을 방문하는 한국인 관광객은 늘어야 맞지만 반대 현상이 일어나고 있다. 여행업계에 따르면 8월부터 한국인 관광객이 줄기 시작, 9월엔 그 감소폭이 대폭 늘었다. 그 예로 8월 후쿠오카시(福岡市)의 하카타(博多)항과 부산항을 연결하는 고속선의 한국인 승객 수는 작년 대비 20% 줄었다.

후쿠시마 원전의 방사능 오염수 유출을 제대로 막지 못하면서 금수조치 해제를 요구하는 일본 정부의 무성의한 태도가 그 배경에 있다. 한 관련업계 종사자는 "회나 초밥 등 식도락을 중심으로 짜여진 여행 패키지를 시작으로 방사능 문제를 걱정하는 고객이 늘고 있고 목적지를 다른 나라로 변경하는 경우도 속출하고 있다"며 심각해진 분위기를 전했다.

외교 경색의 경제적 리스크가 점점 증대되자 외교가 일각에서는 "아베 정권이 양국 관계를 송두리째 파탄내는 것이 아닌지 모르겠다"는 푸념이 나오고 있다.

출처: 헤럴드경제 (2013.10.25).

2. 일본 경제, 남은 과제와 향후 전망

1) 남겨진 과제

일본 경제는 지난 20여 년 동안 수면 상태에 가까운 암흑의 시간을 보냈다. 그런 경제 침체를 극복하기 위해 2013년 초 아베 정부와 일본은행은 공격적인 통화확대정책과 대규모 재정지출을 통한 경기부양책을 발표했다. '아베노믹스'는 그렇게 시작되었다. 아베노믹스는 시장의 즉각적인 반응을 이끌어내며 기대했던 그대로 엔화는 급락하고 주가는 급등했다. 이러한 경제지표 변화는 그동안 수없이 많은 자극에도 무감각으로 대응하던 가계경제가 움직이면서 소비가 늘어나기 시작했고 기업의 수출증가를 견인하는 유인책이 되었다.

그러나 산적해 있던 모든 문제들이 해결된 것은 결코 아니다. 무엇보다 아베노믹스의 최대 성과로 꼽히는 엔화 약세와 주가 상승이 일본 경제에 실질적으로 미치는 효과가 시장의 기대보다 제한적일 가능성이 높을 것으로 보이기 때문이다. 약세로 전환한 엔화가 일본기업의 수출과 영업이익 증가에 기여하는 것은 사실이지만, 수입물가 상승을 우려하지 않을 수 없다. 엔화 약세와 주가 상승이 일본이 목표로 하고 있는 디플레이션 극복에 얼마나 기여할 수 있을지도 의문이다. 일본 경제의 숙원과제인 디플레이션은 버블경기 때 과잉투자로 높아진 공급능력에 비해 수요가 따라가지 못해서 시작된 일이다. 뿐만 아니라 수요부족이 장기화되면서 기업의 설비투자가 억제되어 잠재성장률이 낮아졌다. 이로 인해 수요부족과 공급과잉이 동시에 진행하는 악순환이 반복되었던 것이다.

수요와 공급이 균형을 이루지 못했던 점도 일본 경제 침체가 장기화된 요인 중 하나라고 생각한다. 수요부족 상태가 지속되고는 있지만, 의료, 보육, 간호서비스 등의 분야에서는 충족되지 못하는 수요가 다수 존재하고 있다. 수요가 큰 분야에 충분한 서비스가 제공되지 못하고 있기 때문에 원래 발생해야 하는 수요가 발생하지 않고 불필요한 분야의 공급과잉현상이 나타나는 것이다. 이로 인해 수급불균형 상태가 이어지고 있다고 본다.

해결을 기다리고 있는 또 다른 문제로는 낮은 서비스산업 비중을 들 수 있다. 일본에서 고령화가 급속하게 진행되면서 서비스 수요가 늘어나고 있는 것을 감안하면 서비스산업의 비중이 그렇게 높다고 하기 어려운 수준이다. OECD국가의 고령화율(65세 이상 인구 비율)과 서비스산업 비율(GDP에 차지하는 서비스산업의 비율)의 관계를 보면, 고령화율이 높을수록 서비스산업 비율이 높은 경향이 있다. 일본의 서비스산업

비율은 선진국 평균보다는 높지만 고령화가 선진국 중에서 가장 빠르게 진행되고 있고 서비스산업 비율도 미국, 영국, 프랑스보다 낮다. 고령화에 따른 수요가 상품에서 서비스로 옮겨가고 있는데도 불구하고 공급 측면에서 이를 반영하지 못하고 있을 가능성이 높다.

개인의 소비지출에서 차지하는 서비스분야 비중이 점차 상승하고는 있지만, 그 중에서 오락 · 레저 · 문화, 외식 · 숙박과 같은 선택적 서비스 지출 비중은 최근 오히려 감소하고 있다. 내각부가 발표한 '국민생활에 관한 여론조사'에 따르면 앞으로 생활하는 데 중시하고 싶은 항목으로 '레저 · 여가생활'을 꼽는 사람의 비중이 높게 나타나고 있다. 또한 총무성의 '사회생활기본조사'에 따르면 고령화와 가전제품 보급에 따른 가사시간 감소 등으로 취미 · 오락, 스포츠, 학습 · 자기계발 등에 할애할 수 있는 여가시간이 늘어나는 추세이다. 여가시간 증가로 오락, 레저, 여행 등의 선택적인 서비스지출에 대한 잠재수요는 크게 증가하고 있는 것이다. 수요 확대가 기대되는 분야로 공급 방향을 전환해야 잠재수요가 깨어나면서 잠재성장률 상승으로 이어질 수 있을 것이다.

일본이 디플레이션에서 벗어나기 위한 가장 빠르고 효과적인 방법은 가계 소득이 증가하여 소비지출이 확대되는 것이다. 이것을 잘 알고 있는 아베 정부 역시 기회가 있을 때마다 종업원의 임금인상을 산업계에 요구하고 있다. 이에 대해 주로 대기업이 종업원의 상여금을 올리는 등 정부 정책에 보조를 맞추고 있지만, 기본임금을 인상하는 것에 대해서는 아직 확신 있는 행동을 보이지 못하고 있다. 뿐만 아니라 오랜 경기악화로 자금난에 직면해 있는 많은 중소기업들은 임금인상에 대해 부정적인 입장을 보이고 있기 때문에 일본 전체 근로자들의 평균소득증가를 기대하기는 어려운 상황이다. 결국 소득증가를 수반하지 못하는 물가상승은 가계의 소비지출을 압박하게 되어 다시 경기가 악화될 우려가 있다.

2) 향후 전망

아베 정부는 2013년 1월 공공 인프라 개발과 경기부양을 위한 예산 10조 엔을 포함한 사상 최대 규모의 추경예산을 편성하면서, 부족한 5조 엔은 국채를 발행하여 보전하기로 결정했다. 일본 정부의 부채는 이미 세계 최고 수준이며 지금도 그 규모가 지속해서 증가하고 있다.

점점 더 악화되는 재정수지 상황을 감안할 때 일본 경제의 또 다른 시급한 과제는 재정 건전화 방안을 마련하는 것이다. 일본 정부는 2020년까지 기초 예산 수지 균형을 목표로 하고 있지만 5조 엔 규모의 국채 발행으로 이미 재정 균형의 목표 달성 여부는 불투명해졌다. 그러나 한편으로 재정건전화 계획에 대한 시장의 신뢰를 회복하기 위해 예정대로 2014년 4월 소비세를 5%에서 8%로 인상하기로 결정했고, 법률로 2015년 10월에는 10%로 인상하기로 규정해 놓은 상태이다. 이렇게 소비세가 예정대로 인상된다면 재정수지가 크게 개선될 것으로 보인다. 내각부가 2013년 8월에 발표한 '중장기 경제재정에 관한 시산'에 따르면 GDP 대비 정부의 기초재정수지는 2010년 수준에서 절반으로 줄어들어 당초 목표를 달성하는 것으로 되어 있다. 그러나 계획대로 재정적자 규모가 절반으로 줄어들기 위해서는 일정 수준 이상의 경제성장률을 달성해야 하고 소비세 이외의 세수 확보와 재정지출 축소도 반드시 달성해야 한다. 재정지출 축소는 예산집행의 효율화와 복지예산을 줄이는 방향으로 추진될 것으로 보인다. 그러나 조세 부담이 늘어나고 재정지출이 줄어들면 이 역시 경제 회복을 저해하는 요인으로 작용할 가능성이 매우 높다. 따라서 재정건전화와 경제성장 간의 적절한 균형을 유지하는 것이 중요할 것이다.

점차 심각성을 더해가고 있는 또 다른 문제로는 무역수지 악화를 들 수 있다. 일본의 무역수지는 동일본대지진 직후부터 3년 가까이 적자를 기록하고 있다. 무역수지는 2010년도 5.3조 엔 흑자에서 2012년도 −8.2조 엔으로 2년 동안 12.5조 엔이 악화되었다. 2010년도부터 2012년도 걸친 무역수지 악화요인을 수출과 수입으로 나눠보면, 수출수량 감소에 따른 부분이 −7.5조 엔, 수입가격 상승에 따른 부분이 −7.6조 엔으로 나타났기 때문에, 이 두 가지 요인으로 2년간의 무역수지 악화의 거의 대부분을 설명할 수 있다.

무역수지 악화의 주된 원인 중에서 수출과 관련하여 ① 글로벌 금융위기 이전과 같은 해외시장의 높은 성장을 기대하기 어렵다는 점, ② 엔고 대책의 일환으로 추진했던 해외진출이 수출 억제요인으로 작용하고 있다는 점, ③ 일본의 강점이었던 전자전기 분야를 중심으로 경쟁력이 크게 낮아지고 있다는 점들 때문에 앞으로도 크게 개선되기는 쉽지 않을 것으로 예상된다. 한편 수입과 관련해서는 당분간 원유 등과 같은 에너지 조달 비용이 무역수지 개선을 저해할 것으로 보인다. 실제 지난 2년간(2010~2012년도) 수입가격 상승에 따른 무역수지악화 −7.6조엔 중에서 광물성 연료의 가격상승에 의한 부분은 −5.2조 엔이었으며, 일본의 천연가스 조달가격이 원유가격연동형의 장기계약이었기 때문에 외국보다 높은 가격으로 조달한 점도 영향을 주었다.

일본의 무역수지가 단기적으로는 해외 경기동향과 환율변동으로 흑자로 전환할 가능성도 있지만, 중장기적으로는 고령화에 따른 국내 공급 능력 저하로 인한 수입증가가 수출증가를 초과할 것으로 보이기 때문에 적자기조에서 벗어나기는 어려울 것으로 생각한다. 무역수지 적자규모는 2012년도에는 명목 GDP 대비 1.5%였으나, 2010년대 후반에는 2%대까지 확대되면서 일본의 무역적자가 그 수준에 안착할 가능성이 높은 것으로 보는 견해가 많다.

결론적으로 지금 추진하고 있는 구조 개혁에 대한 시장의 신뢰를 회복하기 위해서는 과감한 개혁의지를 지속적으로 알리고, 계획한 프로그램을 보다 신속하게 실천해 나가는 것이 중요할 것이다. 그런 의미에서 일본이 적극적인 입장을 표명하고 있는 환태평양경제동반자협정(TPP ; Trans Pacific Partnership) 가입이 결정적인 돌파구 역할을 하게 될지도 모른다. 다만 가입을 위해 개방해야 하는 농산물시장에 대해서는 대중적인 반대에 직면할 가능성이 높기 때문에 경제 개방의 당위성을 국민에게 어떻게 설명하는가가 중요하다. 이밖에도 경직된 노동시장 구조와 공기업 과점상태에 있는 전력산업도 향후 경제성장을 위해 빼놓을 수 없는 개혁 대상이다.

아베노믹스, 신흥국 악재로 1년만에 '휘청'

성장동력인 내수소비도 미미 … 공공부분 지출 의존도 높아

아베 신조(安倍晋三) 일본 총리의 경제정책을 일컫는 '아베노믹스'가 시험대에 올랐다. 미국 연방준비제도이사회(FRB)의 양적완화 축소 우려로 신흥시장이 요동치면서 아베노믹스가 역풍에 시달리고 있다는 분석이다.

11일(현지시간) 미국의 경제일간 월스트리트저널(WSJ)은 오는 14일 발표되는 일본의 34분기(6월~9월) 국내총생산(GDP) 증가율이 1.7%에 그칠 것으로 전망했다. 이전의 두 개 분기 성장률 3.8%와 4.1%에서 거의 반토막으로 떨어지는데다, 미국의 성장률 2.8%에도 못 미치는 것이다.

이와 같은 성장률 둔화는 일본 경제가 대내외적인 위기에 취약하다는 것을 반증하는 것이라는 분석이다. 외적으로 인도네시아부터 브라질까지 신흥국 경제가 고전하고 있는데다 일본의 민간 내수도 신통치 않았기 때문이다.

국제통화기금(IMF)의 일본담당 수석 이코노미스트인 제리 쉬프는 지난주 워싱턴에서 열린 피터슨 국제연구소의 연설에서 "아베노믹스가 좋은 출발에서 벗어났다"면서 "어려운 작업이 남아 있다"고 지적했다.

지금까지는 일본 경제의 회복세가 글로벌 경기를 개선시킬 것이라고 기대를 모았다. 하지만 다른 해외시장 덕분에 일본 경제가 소생한다는 의견이 더 설득력을 얻고 있다. 지난 수개월간 부진한 해외 수출이 일본 경제의 발목을 잡았다는 이야기다. 시장에선 지난 6개월간 고공행진하던 일본의 지난 6~9월 수출이 거의 2% 가량 급감할 것으로 추정했다.

일본 재무부에 따르면 신흥시장은 일본의 전체 수출의 3분의 2를 차지했다. IMF도 최근 연준의 출구전략으로 직격탄을 입은 신흥시장의 취약성 때문에 글로벌 성장률 전망치를 하향조정한 바 있다.

일본 전자업체 소니의 가토 마사루 최고재무책임자(CFO)는 최근 "신흥시장의 둔화에 따른 역효과 때문에 시장 환경이 우리가 예상했던 것보다 나쁘다"면서 "시장 악화가 당분간 계속될 것으로 보인다"고 전망했다.

아베노믹스의 또 다른 성장동력인 소비도 살아날 기미가 보이지 않는다. 일본 주식시장이 초반 강세를 보인 것은 부유한 일본인들이 지갑을 열 것이라는 기대

덕분이었다. 하지만 일본의 6~9월 소비는 0.4% 늘어나는 데 그쳐 4분기 동안 가장 낮은 증가율을 기록했다.

결국 아베노믹스를 떠받치고 있는 것은 공공지출뿐인 것으로 보인다. 일본 정부의 인프라 투자는 전년 대비 35%나 늘어난 10조3,000억 엔에 달했다. 여기에 경기부양을 위해 내년까지 5조 엔 상당의 공공지출이 계획돼 있어 이미 GDP의 200%에 육박하는 일본 정부의 부채를 더욱 늘릴 것이라는 우려도 나온다.

출처: 아시아경제 (2013.11.12).

참고문헌

김진홍 (2007). 일본의 외국인직접투자 증가 배경 및 영향(해외경제정보, 제 2007-24호). 한국은행.

이태희 (2008). 일본기업의 장수요인 및 시사점. 한국은행조사국.

정진성, 조성원 (2002). 일본경제론. 한국방송통신대학교출판부.

한국은행 (2013). 알기 쉬운 경제이야기. 한국은행.

한진수 (2001). 쉽게 알자 경제지식. 더난출판사.

JETRO (2008). 対内直接投資推進に向けたジェトロの取り組みについて.

JETRO (2007). 対日直接投資に関する外資系企業の意識調査.

KOTRA (2005). 일본문화와 비즈니스. KOTRA.

KOTRA (2011). 히트상품을 통해 본 일본 소비시장 동향. Global Business Report, 11-015.

Organization for Economic Cooperation & Devel (2013). *OECD Factbook 2013*. Organization for Economic Cooperation & Devel.

金森久雄, 香西泰 (1997.07). 日本経済読本. 読本シリーズ, 第14版. 東洋経済新報社.

南亮進 (1992). 日本の経済発展. 東洋経済新報社.

伊藤元重 (1998). 市場の法則. 講談社.

鉄鋼流通情報社 (2009). 鉄鋼流通ハンドブック. 鉄鋼流通情報社.

湯本雅史 (2002). 基礎から学ぶ日本経済. 東洋経済新報社.

奥村洋彦 (1999). 現代日本経済論. 東洋経済新報.

実践経営学会 (2003). 100年長寿企業アンケート.

横澤利昌 (2000). 老舗企業の研究. 生産性出版.

経済産業省 (2013). 通商白書2013. 勝美印刷.

経済産業研究所 (2012). 日本企業の構造変化: 経営戦略・内部組織・企

業行動. RIETI Discussion Paper Series, 12-J-017.
ニッセイ基礎研究所 (2013.07.23). 良い物価上昇と悪い物価上昇. 基礎研レポート.
みずほ総合研究所 (2012). みずほリサーチ, January 2012.
대전일보 (2013.08.08). 치솟는 물가 … 추석 어쩌지
매경이코노미 (2013.07.03~2013.07.09). 일본 기업 폐쇄성 보여주는 세이부그룹의 표 대결 … 외국인 대주주 '참견하지 마'. 매경이코노미 제1714호.
매일경제 (2013.01.08). 아베 20조 엔 돈풀기, 日 재계 "엔저 지나쳐"
세계일보 (2013.08.08). 오락가락 환율, 대응 어떻게
조세일보 (2014.01.10). 지역경제 vs 규모경제 … 갈림길 선 지방은행
파이낸셜뉴스 (2013.09.29). 루이비통의 굴욕
파이낸셜뉴스 (2013.12.17). 외국차 업체들, 경차 중심 일본 시장 뚫는데 애먹어
한국일보 (2013.08.13). "불황 때문에…" 상반기 청년 실업 최악
국제금융정보센터 (www.jcif.or.jp)
한국고용정보원 (www.keis.or.kr)
한국무역협회 (www.kita.net)
한국은행 (www.bok.or.kr)
현대경제연구원 (www.hri.co.kr)
OECD (2012.12). Economic Outlook.
OECD (2013.06). Economic Outlook 93.
UN (www.un.org)
UNCTAD (www.unctad.org)
日本銀行 (www.boj.or.jp)
日本財務省 (www.mof.go.jp)
日本内閣府 (http://www.esri.cao.go.jp)
日本總理官邸 (http://www.kantei.go.jp/)
日本厚生労働省 (www.mhlw.go.jp/)
日本総務省統計局 (www.e-stat.go.jp/)

찾아보기

가격파괴 84
거래비용 32
결합생산물 36
경기대책 165
경기동향지수 157
경기순환 150
경기적 실업자 96
경영자원 32
경쟁 12
경제성장률 142
경제주체 11
경제활동인구 94
계열 42
계열 유통망 22
계절적 실업자 97
고령화 29
고령화율 235
고정환율제 62
공개시장 195
구매력 190
구조적 실업자 97
국가채무 214
국내총생산 130
국민소득배증 138
국민총소득 134
규모의 경제 34
금리자유화 202
기업 통치구조 40
기준할인율 199

나베소코(鍋底) 불황 159
노동가능인구 94
누진세율 210

단기경제관측 157
단카이(団塊)세대 104
대일수입의존도 226
대일수출의존도 226
대일투자촉진 정책 27
데이비드 리카도 114
동일본대지진 119
디플레이션(deflation) 76

마찰적 실업자 97
모의 불경제 34
무역마찰 117
무역(수출)특화지수 122
무역역조현상 224

물가지수(price index) 74
미인투표 57

배제불가능성 209
밸런스시트 191
버블 154
버블경제 85
범위의 경제 36
변동환율제 62
복합불황 217
비경합성 209
비교열위산업 113
비교우위 114
비교우위산업 113
비용인상(cost-push) 물가상승 79
비즈니스 18

사회생활기본조사 236
서비스산업 235
선택과 집중 36
소득격차 144
소득수지 120
소비동향조사 87
소비자물가지수 75
소비자잉여 176
소비자 주권 177
쇼와(昭和) 40년 불황 159
수요견인 물가상승 79
수입선다변화품목제도 227
스톡(stock) 131
시니세(老舖) 48
시장경제 11
시장의 실패 209
시장환율 56
실업률 95

아베노믹스 66, 234
애덤 스미스 114
야경국가론 206
엔고불황 162
연공임금제 40
열도개조(列島改造) 154
열도개조(列島改造)경기 160
완전경쟁시장 13
외국인직접투자 비율 24
은행간시장 195
이와토(岩戸)경기 159
이자나기(いざなぎ)경기 160
인플레이션(inflation) 75
일본무역진흥기구 24
일본열도개조론 161
일본적 경영 42
일본형 고용관행 101

자동안정화장치 210
자산전환 191

자유무역협정(FTA) 225
장수기업 48
재정 207
재정건전화 220
재정구조 216
재정적자국 214
재할인율 198
절대우위 114
정보의 비대칭성 193
종신고용 40
종합경기지표 152
주거래은행 44
지니계수 144
진무(神武)경기 159

창구규제 201

캐피털 게인 55
코스트 퍼포먼스 183

투자경기 158
투자생산성 155
특수경기 158

플라자합의 63
플로(flow) 131

한계효용 175
합성의 오류(合成의 誤謬) 173
헤이세이(平成)경기 162
헤이세이(平成) 버블 154
환리스크 68
환율전략 67
환태평양경제동반자협정 232
효용 174
효율시장가설 59

PB상품 180

2007년 문제 104
2012년 문제 104

저자소개

오태헌

도쿄대학교 경제학 석사, 박사

대우경제연구소 연구위원, 도쿄사무소 소장

노무라총합연구소 서울지점 부지점장

University of California, Berkeley, Institute of East Asia Studies 방문교수

현 경희사이버대학교 일본학과 교수

기초부터 배우는 일본 경제

2014년 3월 5일 1판 1쇄 인쇄
2014년 3월 10일 1판 1쇄 발행

지 은 이 오태헌
펴 낸 이 최용구
펴 낸 곳 이프레스

주 소 (140-846) 서울시 용산구 원효로 89길 19(원효로1가)
전 화 537-1720 · 1721(편집부) 537-1711(팩스)
이 메 일 epress01@naver.com
홈페이지 www.epress1.com
등 록 2009년 12월 10일 제16-2710호

기획마케팅 최용구 · 장만동 · 송대용
책임편집 석기은 · 최윤정 · 황가연
표지디자인 SDY

ISBN 978-89-90245-50-2 93320

정가 12,000원